일본 대중문화론

탄생과 변천,
12가지 테마로 읽는
현대일본

임태균 지음

신아사

머리말

12가지 테마로 읽는 일본, 대중문화라는 렌즈로 세계를 보다

오늘날 우리는 국경과 매체의 경계가 허물어진 초연결 시대를 살아가고 있다. 그중에서도 대중문화는 한 국가의 정체성과 시대적 욕망을 가장 정직하게 비추는 거울이자, 국가 브랜드와 산업 경쟁력을 결정짓는 강력한 소프트파워로 자리매김하였다. 일본 대중문화는 근대화 이후 동아시아 미디어 산업의 기틀을 마련했으며, 20세기 후반 '재패니메이션'과 '비디오 게임 산업'을 필두로 전 세계에 독자적인 문화 영토를 구축해 왔다.

이 책은 단순한 오락거리 소개를 넘어, 일본 대중문화의 역사적 배경과 구조적 특징을 학문적으로 고찰한다. 이는 일본이라는 이웃 나라를 깊이 이해하는 것을 넘어, 동아시아 문화산업의 생태계와 글로벌 비즈니스의 흐름을 파악하는 데 필수적인 과정이다.

학문의 경계를 넘어 글로벌 비즈니스로

본 교재의 가장 큰 특징은 대중문화를 인문학적 영역에만 한정하지 않고, 글로벌 비즈니스·물류·관광산업이라는 실용적 관점까지 확장했다는 점이다. 일본의 콘텐츠 산업은 '미디어 믹스(Media Mix)'라는 전략을 통해 만화, 애니메이션, 게임, 드라마를 하나의 가치 사슬로 연결하며 세계적 경쟁력을 확보해 왔다. 포켓몬스터나 마리오와 같은 캐릭터 IP가 글로벌 물류망을 타고 세계 시장을 점유하는 과정, 특정 애니메이션이나 드라마의 배경지가 '콘텐츠 투어리즘(성지순례)'의 명소가 되어 지역 경제를 활성화하는 현상은 대표적인 사례다. 이 책은 이러한 문화와 산업의 융합을 입체적으로 조망할 수 있도록 설계되었다.

12가지 테마와 한국과의 비교

본 교재는 일본 대중문화의 탄생부터 디지털 시대의 새로운 지형까지를 12가지 테마로 나누어 구성하였다. 메이지 시대의 도시 공간 정비와 다이쇼 모더니즘이라는 역사적 토양 위에서 신문·잡지·영화·방송이 어떻게 성장했는지, 그리고 만화·애니메이션·J-POP·대중문학·게임·스포츠가 일본을 대표하는 장르로 자리잡는 과정을 산업적·사회학적 시각에서 분석한다.

특히 전 장에 걸쳐 한국 대중문화(K-Culture)와의 비교를 중시하였다. 한국과 일본이 유사한 근대화 과정을 겪으면서도 서로 다른 미디어 생태계를 구축한 이유, 그리고 디지털 플랫폼 환경에서 K-POP과 J-POP이 어떻게 경쟁하고 공생하는지를 분석함으로써 독자들이 균형 잡힌 문화적 시각을 가질 수 있도록 돕는다.

학습자 중심의 교수학습 설계

본 교재는 단순한 '강의 중심' 텍스트가 아니다. 최근 교육 현장에서 강조되는 플립드러닝(Flipped Learning)과 문제 중심 학습(PBL)을 반영하여, 학습자가 능동적으로 참여할 수 있도록 구성하였다. 각 장의 마지막에는 토론·조별 조사 발표·사례 공유 등 구체적인 활동 과제를 배치하여, 지식을 단순히 습득하는 데 그치지 않고 현상을 분석하고 대안을 제시하는 학습을 유도한다.

또한 핵심정리와 문화 키워드 해설을 통해 각 테마의 주요 내용을 일목요연하게 정리하고, 일본 사회를 이해하는 데 필요한 전문 용어를 쉽게 설명하여 기초가 부족한 독자도 내용을 따라올 수 있도록 배려하였다.

이 책은 대학에서 일본 대중문화를 공부하는 학생들에게는 미래 글로벌 비즈니스 현장에서 활용할 수 있는 소중한 문화적 자산이 되고, 일반 독자들에게는 가깝고도 먼 일본을 읽어내는 전문적인 가이드북이 되기를 희망한다. 대중문화의 파도를 넘어 현대 일본의 진면목을 발견하는 지적 여정에 여러분을 초대한다.

2025년 12월

저자 임태균

본 교재의 구성

들어가는 글

현대 일본의 초상과 대중문화의 위상

일본 사회와 대중문화 연구의 의의

일본은 근대화 이후 대중문화가 사회 전반에 깊숙이 자리 잡으며, 정치·경제·사회·문화의 변화를 반영하는 거울 역할을 해왔다. 특히 20세기 중반 이후 텔레비전, 만화, 애니메이션, 음악 산업이 발전하면서 일본은 세계적으로 독자적인 문화적 위상을 확보하였다. 오늘날 일본 대중문화는 단순한 오락을 넘어 산업적 가치와 국제적 영향력을 지닌 콘텐츠로 발전하였다. 따라서 일본 대중문화를 이해하는 것은 일본 사회의 정체성을 파악하는 동시에, 동아시아 및 세계 문화산업의 흐름을 이해하는 데 필수적이다.

대중문화 연구의 학문적 필요성

대중문화는 단순히 '가벼운 오락'으로 치부되기 쉽지만, 실제로는 사회 구조와 가치관을 반영하는 중요한 연구 대상이다. 일본의 경우, 대중문화는 정치적 담론 형성, 경제적 산업 발전, 사회적 정체성 구축에 깊게 관여해왔다. 예를 들어, 1960~70년대 일본의 텔레비전 드라마는 고도성장기의 사회상을 반영하며, 노동·가족·도시화 문제를 대중에게 전달하는 매개체 역할을 했다. 또한 대중문화 연구는 문화사적 맥락을 이해하는 데 필수적이다. 일본의 만화와 애니메이션은 단순한 오락물이 아니라, 전후 일본 사회의 가치관과 세계관을 담아낸 문화적 텍스트로서 연구 가치가 크다. 예컨대 「철완 아톰」(1963)은 전후 일본의 과학기술 낙관주의와 평화주의를 반영한 작품으로, 당시 사회적 분위기를 이해하는 데 중요한 자료가 된다.

대중문화와 산업적 가치

일본 대중문화는 단순한 문화 현상을 넘어 산업적 자산으로 발전하였다. 일본 경제산업성(METI)의 2025년 통상백서에 따르면, 일본 콘텐츠 산업의 시장 규모는 약 13.2조 엔(국내 기준)에 달하며, 해외 매출액까지 포함할 경우 그 규모는 더욱 방대해진다. 특히 애니메이션과 게임을 필두로 한 콘텐츠 수출액은 약 4.7조 엔으로 역대 최고 수준을 기록하고 있으며, 이는 일본의 주요 수출 산업인 반도체 수출액을 상회하는 등 국가 경제를 견인하는 핵심 산업으로 자리매김하였다.

특히 일본은 IP(지식재산권) 관리와 미디어 믹스(Media Mix) 전략을 통해 콘텐츠를 산업적으로 확장하는 데 성공하였다. 만화 한 작품이 애니메이션·게임·영화·캐릭터 상품으로 이어지는 구조는 일본 대중문화 산업의 핵심 모델이다. 이러한 산업적 가치 때문에 일본 대중문화 연구는 단순히 문화사적 의미를 넘어서, 비즈니스·물류·마케팅 전략과도 밀접하게 연결된다.

대중문화와 국제적 영향력

일본 대중문화는 국내를 넘어 국제적으로도 큰 영향력을 발휘한다. 애니메이션 「드래곤볼」, 「원피스」, 「포켓몬스터」는 글로벌 팬덤을 형성하며 일본 문화의 상징으로 기능한다. J-POP은 1990년대 이후 아시아 전역에서 인기를 끌었으며, 최근에는 K-POP과 경쟁·협력 관계를 형성하고 있다.

또한 일본의 게임 산업은 닌텐도, 소니, 세가 등 세계적 기업을 통해 글로벌 시장을 선도하고 있다. 닌텐도의「슈퍼마리오」와「젤다의 전설」은 단순한 게임을 넘어 세계적 문화 아이콘으로 자리 잡았다. 이러한 국제적 영향력은 일본 대중문화가 단순히 국내 소비에 머무르지 않고, 글로벌 문화산업의 핵심 축으로 기능하고 있음을 보여준다.

일본 대중문화 연구의 사회적 필요성

일본 대중문화 연구는 단순히 학문적 호기심을 충족하는 것을 넘어, 사회적 필요성을 지닌다. 일본 사회는 고령화·저출산·도시화·글로벌화 등 다양한 구조적 변화를 겪고 있으며, 이러한 변화는 대중문화에 직접적으로 반영된다. 따라서 대중문화를 연구하는 것은 일본 사회의 현재와 미래를 이해하는 데 필수적이다.

예를 들어, 일본의 예능 프로그램은 사회적 담론을 형성하는 중요한 매체로 기능한다. 버라이어티 프로그램은 단순한 오락을 넘어 사회 문제를 풍자하거나 대중의 생활 방식을 반영한다. 애니메이션은 청소년뿐 아니라 성인층까지 폭넓게 소비되며, 세대 간 공통 언어로 기능한다. 이러한 현상은 일본 사회의 정체성과 가치관을 이해하는 데 중요한 단서를 제공한다.

일본 대중문화 연구의 국제적 필요성

일본 대중문화 연구는 국제적으로도 필요하다. 일본은 동아시아 문화권에서 중요한 위치를 차지하며, 한국·중국·대만 등과 긴밀한 문화적 교류를 이어왔다. 특히 J-컬쳐와 한류(K-POP, K-드라마)의 비교 연구는 동아시아 문화산업의 경쟁과 협력 관계를 이해하는 데 필수적이다.

또한 일본 대중문화는 글로벌 시장에서 중요한 문화상품으로 기능한다. 따라서 일본 대중문화를 연구하는 것은 국제 비즈니스·물류·마케팅 전략을 이해하는 데도 필요하다. 예를 들어, 일본 애니메이션의 글로벌 배급망을 분석하는 것은 콘텐츠 산업의 국제적 흐름을 이해하는 데 중요한 자료가 된다.

인구 구조와 문화 소비

일본 사회를 이해하는 데 있어 가장 중요한 특징 중 하나는 고령화와 저출산이다. 일본 총무성 통계국이 발표한 2025년 12월 1일 자 집계에 따르면, 일본의 총인구는 1억 2,316만 명에 머물며 완연한 감소 국면을 나타내고 있다. 특히 65세 이상의 고령 인구 비중이 전체의 약 30%에 육박하는 등 초고령화 현상의 가속화는 내수 시장의 소비 구조를 근본적으로 재편하는 핵심 변수로 작용하고 있다. 이는 OECD 국가 중 가장 높은 수준으로, 일본 사회가 '초고령 사회'로 진입했음을 의미한다.

이러한 인구 구조는 대중문화 소비 패턴에도 직접적인 영향을 미친다. 청년층은 디지털 플랫폼을 통해 애니메이션·게임·음악을 소비하는 반면, 중장년층은 TV 드라마·예능·출판물을 선호한다. 예능 프로그램은 가족 단위 시청자와 중장년층을 겨냥한 포맷이 많으며, 드라마는 사회 문제를 반영하면서도 중장년층의 생활 감각에 맞춘 작품이 꾸준히 제작된다.

또한 일본 사회는 1인 가구 증가라는 구조적 변화를 겪고 있다. 2020년 기준 일본 전체 가구의 약 38%가 1인 가구로, 이는 대중문화 소비의 개인화와 맞물려 있다. 혼자 즐길 수 있는 애니메이션·게임·스트리밍 서비스의 수요가 급격히 증가하면서, 콘텐츠 산업은 '개인 맞춤형 소비'에 초점을 맞추게 되었다.

도시화와 지역성

일본의 대중문화는 도시와 지역의 이중 구조 속에서 발전해왔다. 도쿄와 오사카 같은 대도시는 문화산업의 중심지로 기능하며, 출판·방송·음악·패션 등 주요 산업이 집중되어 있다. 도쿄 시부야·하라주쿠 지역은 젊은 세대의 패션과 음악 트렌드를 선도하며, 오사카 난바·우메다 지역은 예능과 방송 산업의 중심지로 자리 잡고 있다.

반면 지방은 특색 있는 축제·전통문화와 결합해 독자적 대중문화를 형성한다. 예를 들어, 홋카이도의 삿포로 눈축제는 관광산업과 결합하여 대중문화적 이벤트로 발전하고 있으며, 이는 지역 경제 활성화와 문화산업의 다변화에 기여한다.

또한 일본의 지방 도시들은 지역 아이돌 그룹이나 로컬 애니메이션 프로젝트를 통해 지역 정체성을 강화하고 있다. 예컨대 나고야 지역에서 활동하는 SKE48과 같은 아이돌 그룹은 지역 기업과 협력하고 있으며, 이는 지역 대중문화와 경제를 연결하는 대표적인 사례로 평가받고 있다. 이러한 현상은 일본 대중문화가 단순히 수도권 중심으로만 발전하는 것이 아니라, 지역성과 결합하여 다층적 구조를 형성하고 있음을 보여준다.

글로벌화와 디지털화

21세기 이후 일본 사회의 또 다른 특징은 글로벌화와 디지털화이다. 인터넷과 SNS의 확산은 일본 대중문화가 국경을 넘어 빠르게 전파되는 기반을 마련했다. 유튜브, 넷플릭스, 틱톡 같은 플랫폼은 일본 콘텐츠의 해외 소비를 촉진하며, 이는 일본 기업들이 글로벌 시장을 겨냥한 전략을 세우도록 만들었다.

예를 들어, 애니메이션「귀멸의 칼날」은 2020년 이후 넷플릭스를 통해 전 세계적으로 방영되며 일본 애니메이션의 글로벌 위상을 강화하였다. 또한 J-POP 아티스트들은 유튜브와 SNS를 통해 해외 팬덤을 형성하며, 한국의 K-POP과 경쟁·협력 관계를 형성하고 있다.

디지털화는 일본 대중문화의 생산·유통 방식에도 변화를 가져왔다. 과거에는 출판·방송 중심의 오프라인 유통이 주를 이루었지만, 현재는 스트리밍·다운로드·온라인 플랫폼을 통한 디지털 유통이 대세가 되었다. 이러한 변화는 일본 대중문화가 세계 시장에서 경쟁력을 유지하는 데 중요한 요인으로 작용한다.

일본 사회적 초상의 문화적 의미

일본 사회의 현대적 초상은 대중문화의 형성과 발전에 직접적인 영향을 미친다. 고령화 사회는 중장년층을 겨냥한 콘텐츠를 확대시키고, 도시화는 수도권 중심의 문화산업을 강화하며, 지역성은 지방의 독자적 문화 프로젝트를 활성화한다. 글로벌화와 디지털화는 일본 대중문화가 세계 시장에서 경쟁력을 유지하도록 만든다.

따라서 일본 사회의 현대적 초상을 이해하는 것은 일본 대중문화를 연구하는 데 필수적이다. 이는 단순히 사회 구조를 파악하는 것을 넘어, 대중문화의 생산·유통·소비 과정을 이해하는 데 중요한 기초가 된다.

일본 대중문화의 국내적 위상

일본 대중문화는 국민의 일상과 정체성 형성에 깊게 관여한다. 텔레비전 예능 프로그램은 단순한 오락을 넘어 사회적 담론을 형성하는 중요한 매체로 기능한다. 예를 들어, 1980~90년대 일본의 버라이어티 프로그램은 경제 호황기의 소비문화와 생활양식을 반영하며, 대중의 생활 패턴을 규정하는 역할을 했다.

애니메이션은 세대 간 공통 언어로 기능한다. 어린이부터 성인까지 폭넓게 소비되며, 특정 작품은 일본인의 정체성을 상징하는 문화 코드로 자리 잡았다. 「도라에몽」은 일본인의 '희망과 미래'에 대한 상징으로, 「원피스」는 '우정과 모험'이라는 가치관을 대중에게 공유한다.

드라마는 사회 문제를 반영하는 중요한 장르다. 1990년대의 '트렌디 드라마'는 도시 청년층의 연애와 직장 생활을 다루며 당시 사회상을 반영했고, 최근에는 가족 문제·고령화·교육 문제 등 사회적 이슈를 다루는 드라마가 제작되고 있다.

대중문학 역시 일본인의 사고방식과 가치관을 드러낸다. 추리소설·라이트노벨·장르문학은 일본 사회의 다양한 욕망과 불안을 반영하며, 독자층의 확대와 함께 대중문화의 중요한 축으로 자리 잡았다.

일본 대중문화의 국제적 위상

일본 대중문화는 국내를 넘어 국제적으로도 큰 영향력을 발휘한다. 애니메이션은 일본을 대표하는 문화상품으로, 전 세계적으로 소비되고 있다. 「드래곤볼」, 「포켓몬스터」, 「나루토」 등은 글로벌 팬덤을 형성하며 일본 문화의 상징으로 기능한다.

J-POP은 1990년대 이후 아시아 전역에서 인기를 끌었으며, 최근에는 K-POP과 경쟁·협력 관계를 형성하고 있다. 일본 아이돌 그룹은 독자적인 팬덤 문화를 형성하며, 이는 한국·중국·동남아시아 등지로 확산되었다.

게임 산업은 일본 대중문화의 국제적 위상을 보여주는 대표적 사례다. 닌텐도, 소니, 세가 등 세계적 기업은 글로벌 시장을 선도하며, 일본 게임은 단순한 오락을 넘어 세계적 문화 아이콘으로 자리 잡았다. 「슈퍼마리오」, 「젤다의 전설」, 「파이널 판타지」 등은 글로벌 팬덤을 형성하며 일본 게임 산업의 위상을 강화했다.

일본 대중문화의 산업적 위상

오늘날 일본 대중문화는 단순한 정서적 향유의 대상을 넘어, 국가 경제의 근간을 지탱하는 전략적 자산으로 확고히 자리매김하였다. 이러한 위상을 가능케 한 핵심 기제는 일본 특유의 고도화된 'IP(지식재산권) 매니지먼트'와 '미디어 믹스(Media Mix)'라는 비즈니스 모델에 있다. 하나의 원천 서사가 애니메이션, 게임, 영화를 거쳐 캐릭터 산업과 오프라인 테마파크로 쉼 없이 확장되는 이 유기적 순환 구조는, 일본 콘텐츠 산업만이 지닌 독보적인 수익 창출 시스템이자 강력한 시장 경쟁력의 원천이다.

이처럼 견고하게 구축된 산업적 토대는 일본 대중문화 연구의 지평을 문화사적 고찰 너머로 확장시킨다. 현대의 콘텐츠 연구는 언어와 서사 구조의 분석에 머물지 않고, 글로벌 공급망(SCM) 관점에서의 콘텐츠 유통 경로, 플랫폼 기반의 전방위적 마케팅, 그리고 디지털 배급 체계의 효율성을 탐구하는 실천적 학문으로서 그 중요성이 더욱 부각되고 있다.

결국 일본 대중문화가 일궈온 압도적인 수치는 개별 콘텐츠의 성공을 넘어, 제작과 유통 그리고 소비의 전 과정이 치밀하게 맞물려 돌아가는 산업적 연쇄 효과의 산물이라 할 수 있다. 이러한 토대 위에서 일본 정부는 2010년대 이후 '쿨재팬 전략'이라는 이름으로 이 유무형의 자산들을 국가 브랜드화하려는 정책적 시도를 본격화하게 된다.

일본 대중문화 위상의 종합적 의미

일본 대중문화의 위상은 국내·국제·산업적 측면에서 모두 중요한 의미를 지닌다. 국내적으로는 국민의 정체성과 생활 방식을 규정하는 역할을 하며, 국제적으로는 일본을 대표하는 문화상품으로 기능한다. 산업적으로는 국가 경제에 기여하는 중요한 자산으로, 일본 대중문화는 단순한 오락을 넘어 글로벌 문화산업의 핵심 축으로 자리잡았다.

정책적 사례인 '쿨재팬 전략', 산업적 사례인 소니·닌텐도·요시모토흥업, 그리고 문화적 사례인 애니메이션과 만화의 세계적 확산은 모두 일본 대중문화의 위상을 보여주는 중요한 자료다. 일본 대중문화는 정책·산업·문화의 세 축에서 국가적 자산으로 기능하며, 이를 통해 일본 사회의 정체성과 국제적 영향력을 동시에 강화하고 있다.

정책적 사례: '쿨재팬 전략'의 성과와 한계

일본 정부는 2010년대 이후 '쿨재팬 전략'을 통해 대중문화를 국가 브랜드로 활용하고자 했다. 애니메이션·패션·음식·디자인 등 일본의 대중문화를 해외에 적극적으로 홍보하여 국가 이미지 제고와 경제적 이익 창출을 목표로 했다.

성과로는 일본 대중문화의 국제적 인지도 확대가 있다. 애니메이션·게임·패션·음식은 일본을 대표하는 문화상품으로 자리 잡았으며, 해외에서 일본 문화에 대한 긍정적 이미지가 강화되었다. 또한 일부 기업은 정부 지원을 통해 해외 진출에 성공하였다.

그러나 한계도 분명하다. 지나치게 정부 주도적이라는 비판이 있으며, 민간 기업과의 협력 부족이 문제로 지적된다. 또한 해외 소비자들의 수요와 현지 시장의 특성을 충분히 반영하지 못해 실질적 성과가 제한적이었다. 결국 '쿨재팬 전략'은 일본 대중문화의 국제적 위상을 강화하는 데 일정한 기여를 했지만, 정책적·산업적 한계를 동시에 드러낸 사례로 평가된다.

산업적 사례: 소니·닌텐도·요시모토흥업

일본 대중문화의 산업적 위상을 보여주는 대표적 사례는 소니, 닌텐도, 요시모토흥업이다.

소니(Sony)는 전자제품 기업으로 출발했지만, 음악·영화·게임 등 다양한 문화산업으로 확장하였다. 특히 플레이스테이션(PlayStation) 시리즈는 글로벌 게임 시장을 선도하며, 일본 대중문화의 산업적 영향력을 강화했다. 소니뮤직은 일본 음악 산업의 중심으로, J-POP과 아이돌 문화를 세계에 확산시키는 데 기여했다.

닌텐도(Nintendo)는 일본 게임 산업을 대표하는 기업으로, 「슈퍼마리오」, 「젤다의 전설」, 「포켓몬스터」 등 세계적 게임 프랜차이즈를 보유하고 있다. 닌텐도의 게임은 단순한 오락을 넘어 글로벌 문화 아이콘으로 자리 잡았으며, 일본 대중문화의 국제적 위상을 강화하는 데 핵심적 역할을 했다.

요시모토흥업(吉本興業)은 일본 예능 산업을 대표하는 기업으로,

코미디언·버라이어티 프로그램·연예 매니지먼트를 통해 일본 대중문화의 사회적 기반을 형성했다. 오사카를 중심으로 한 예능 문화는 일본인의 생활과 정체성에 깊게 관여하며, 요시모토흥업은 이를 산업적으로 확장하여 일본 대중문화의 독자적 특징을 보여주었다.

이 세 기업은 일본 대중문화가 산업적 차원에서 어떻게 발전했는지를 보여주는 대표적 사례로, 일본 대중문화 연구의 중요성을 뒷받침한다.

문화적 사례: 애니메이션과 만화의 세계적 확산

일본 애니메이션과 만화는 일본 대중문화를 대표하는 문화적 사례로, 세계적으로 확산되며 일본의 문화적 위상을 강화하였다. 1963년 방영된 「철완 아톰」은 일본 애니메이션 산업의 출발점으로, 전후 일본 사회의 과학기술 낙관주의와 평화주의를 반영하였다. 이후 「드래곤볼」, 「슬램덩크」, 「원피스」, 「귀멸의 칼날」 등은 글로벌 팬덤을 형성하며 일본 애니메이션을 세계적 문화상품으로 만들었다. 넷플릭스와 유튜브 같은 디지털 플랫폼은 일본 애니메이션의 해외 소비를 촉진하며, 일본 애니메이션의 국제적 위상을 더욱 강화하였다.

만화 역시 일본 대중문화의 국제적 확산을 보여주는 중요한 사례다. 「도라에몽」, 「나루토」, 「진격의 거인」 등은 일본 사회의 가치관과 세계관을 반영하면서도 글로벌 독자들에게 공감대를 형성하였다. 일본 만화는 단순한 오락물이 아니라 사회적 메시지와 문화적 정체성을 담아낸 텍스트로서 연구 가치가 크며, 다양한 장르와 독자층을 확보하면서 세계적으로 확산되었다.

결국 애니메이션과 만화는 일본 대중문화의 국제적 위상을 강화하는 동시에, 일본 사회의 정체성과 가치관을 세계에 전달하는 매개체로 기능한다. 이는 일본 대중문화가 단순한 국내 소비를 넘어 세계적 문화산업의 핵심 축으로 자리 잡았음을 보여준다.

제1장

근대 도시 공간의 탄생과 다이쇼 모더니즘

제1장 근대 도시 공간의 탄생과 다이쇼 모더니즘

1-1 문명개화와 도시 공간의 시각적 재편

1-1-1 긴자 벽돌거리(レンガ街): '보여지는 근대'의 탄생

메이지 시대 일본 대중문화의 요람은 1872년의 비극적인 긴자 대화재에서 잉태되었다. 화재로 인해 도심의 목조 가옥들이 전소되자, 도쿄부는 단순히 건물을 복구하는 차원을 넘어 도시의 DNA를 바꾸는 대수술을 감행했다. 영국인 건축가 토마스 워터스의 지휘 아래 탄생한 긴자 벽돌거리(レンガ街)는 화재 예방이라는 기능적 목적을 넘어, 일본이 도달하고자 했던 '근대'라는 지향점을 물리적으로 구현한 전시적 공간이었다.

당시 긴자는 상업적 교역로를 넘어, 일본 사회가 문명개화(文明開化)의 성취를 시각적으로 확인하고 체감하는 일종의 거대한 '쇼케이스'로 기능했다. 보차도가 분리된 넓은 도로와 질서정연하게 식재된 가로수는 에도 시대의 미로 같은 골목길에 익숙했던 대중에게 새로운 공간적 질서를 교육했다. 이는 일본 대중이 '도시'라는 공간을 단순히 거주의 터전이 아니라, 시각적으로 소비하고 즐기는 대상으로 인식하기 시작한 중대한 전환점이 되었다.

1-1-2 인공 광원과 야간 시간의 해방: 가스등과 전등의 보급

도시 공간의 시각적 개혁을 완성한 것은 조명 인프라를 통한 '시간의 확장'이었다. 1872년 요코하마에 처음 점등된 가스등은 긴자로 급격히 확산되었고, 이후 전기사업의 발흥과 함께 도입된 전등은 도시의 밤을 낮과 연결된 연속적 시간으로 재정의했다. 이러한 조명 혁명은 단순히 어둠을 몰아낸 것이 아니라, 대중의 여가 활동을 야간으로까지 확장해 주는 제도적·환경적 기반이 되었다.

가스등과 전등이 만들어낸 환상적인 야경은 대중에게 새로운 형태의 소비와 오락을 유혹하는 무대가 되었다. 밝게 빛나는 쇼윈도 아래로 사람들이 모여들면서 '긴부라(긴자 거리를 목적 없이 거니는 행위)'와 같은 근대적 산책 문화가 싹텄고, 이는 상업 자본이 야간 시간을 문화적 이윤으로 환전할 수 있는 기틀을 제공했다. 결과적으로 인공 광원의 보급은 도시인의 생체 리듬을 상업적 리듬으로 동기화하며, 잠들지 않는 소비 사회의 서막을 알리는 사건이었다.

1-1-3 위생의 근대화: 보이지 않는 인프라가 만든 대중의 안전

근대 도시의 외형이 벽돌과 빛으로 장식되었다면, 그 내면을 채운 것은 보이지 않는 위생의 선진화였다. 19세기 말 요코하마와 도쿄에 부설된 수돗물 공급 체계는 도시 생활의 패러다임을 바꾼 사건이었다. 수도와 가스라는 기초 인프라의 구축은 상시적인 질병의 위협에서 대중을 보호함으로써 집단적인 여가 문화를 향유할 수 있는 '안전한 군중'의 탄생을 가능케 했다.

위생 인프라의 확충은 대중의 생활 수준을 상향 평준화했으며, 이는 곧 정교한 대중문화 콘텐츠가 자생할 수 있는 건강한 소비 집단의 형성으로 이어졌다. 가스 조리와 수돗물은 집안의 가사 노동 시간을 단축했고, 이로 인해 발생한 여가 시간은 신문과 잡지 읽기, 혹은 극장 나들이와 같은 문화적 소비로 치환되었다. 오늘날 일본의 관광 비즈니스가 강조하는 정결함과 시스템의 효율성은 메이지 시대부터 구축된 이 위생적 하드웨어의 역사에 깊은 뿌리를 두고 있다.

1-2 다이쇼 시대의 경제적 호황과 도시 중간계층의 성장

1-2-1 대전(大戰) 경기가 가져온 사회 구조의 지각변동

제1차 세계대전(1914~1918)은 일본 대중문화사가 목가적인 메이지 시대를 지나 역동적인 다이쇼 시대로 진입하게 만든 결정적 기제였다. 전쟁의 직접적인 포화에서 비껴나 있던 일본은 유럽 생산 기지의 가동 중단을 틈타 아시아와 세계 시장의 공백을 메우는 '세계의 공장'역할을 자처하며 전례 없는 경제적 호황을 누렸다. 이러한 거시 경제적 팽창은 부의 축적을 넘어 일본의 인구 지도를 농촌 중심에서 도시 중심으로 재편하는 인구학적 대이동을 촉발했다.

급격한 산업화와 도시화는 행정 및 상업 분야의 비대화를 가져왔으며, 이는 이전 세대와는 전혀 다른 노동 윤리와 소비 감각을 지닌 새로운 사회 계층을 탄생시켰다. 이들은 전통적인 지주나 소상공인 계층과는 달리, 근대적 조직체 안에서 고정된 급여를 바탕으로 생활하는 정체성을 지녔다. 이 계층의 성장은 일본 사회가 소수의 엘리트 문화를 소비하던 단계를 지나, 거대한 익명의 대중이 문화적 흐름을 주도하는 '대중사회'로 이행했음을 의미한다.

1-2-2 샐러리맨(サラリーマン): 근대적 조직과 일상의 관료화

도시 중간계층의 가장 핵심적인 페르소나는 샐러리맨(サラリーマン)이었다. 근대적 교육 과정을 거쳐 대기업이나 관공서의 화이트칼라 노동자로 편입된 이들은, 양복이라는 제복을 입고 정해진 시간에 출퇴근하는 규격화된 일상을 살았다. 이들의 등장은 일본의 생활문화에 '공적 업무 시간'과 '사적 여가 시간'의 명확한 분절을 가져왔다.

샐러리맨들은 단순한 노동력을 넘어, 근대적 소비의 표준을 만드는 주체로 기능했다. 이들은 안정된 월급을 바탕으로 합리적이고 계획적인 가계 지출을 지향하면서도, 도시인으로서의 품위를 유지하기 위한 문화적 소비(신문 구독, 영화 관람, 사교 활동 등)를 일종의 의무처럼 수행했다. 이 과정에서 형성된 이들의 보수적이면서도 세련된 취향은 훗날 일본 대중문화가 지향하는 '중산층적 미학'의 원형이 되었으며, 철도 회사의 교외 택지 개발과 백화점 비즈니스가 타격하는 가장 전략적인 목표 고객군이 되었다.

1-2-3 직업부인(職業婦人): 젠더의 경계를 넘는 새로운 노동과 소비

샐러리맨의 등장 못지않게 다이쇼 시대를 상징하는 혁신적인 현상은 '직업부인(職業婦人)'의 부상이었다. 여기서 '부인'은 현대적 의미의 기혼 여성에 국한되지 않고, 가정이라는 밀폐된 공간을 벗어나 사회적 직업을 가진 모든 여성을 통칭하는 당대의 고유한 표현이었다. 경제 호황에 따른 사무 인력 수요의 급증은 여성들을 도시의 공적 공간으로 이끌어냈다. 전화교환수, 타이피스트, 사무직원, 교사, 간호사 등 근대적 전문 직종에 종사하기 시작한 이들은 경제적 자립권을 확보하며 도시 생활의 능동적인 주체로 부상했다.

직업부인의 등장은 일본 대중문화의 소비 지형을 근본적으로 바꾸어 놓았다. 스스로 소득을 창출하는 여성 소비층을 겨냥하여 『부인의 벗(婦人之友)』이나 『부인공론』 같은 잡지들이 창간되었고, 패션과 화장품 산업은 이들의 안목을 사로잡기 위해 서구적 트렌드를 실시간으로 이식했다. 또한, 이들이 근무를 마친 뒤 카페나 백화점에서 향유하던 여가 문화는 도시의 풍경을 한층 화려하고 세련되게 장식했다. 여성의 사회 진출은 단순히 노동력의 확충을 넘어, 일본 대중문화가 '여성적 감수성'과 '일상의 세밀함'을 핵심 코드로 장착하게 만드는 중추적 동력이 되었다.

1-3 새로운 생활양식: 문화주택, 백화점, 그리고 카페 문화

1-3-1 문화주택(文化住宅): 사적 공간의 근대화와 일상의 재구성

다이쇼 시대에 등장한 '문화주택(文化住宅)'은 일본인의 주거 양식이 전통적인 집단주의적 공간에서 근대적인 개인 중심 공간으로 이행했음을 보여주는 상징적 지표이다. 기존의 전통 가옥이 다다미 방을 중심으로 유연하게 연결된 구조였다면, 문화주택은 서양식 건축 요소를 절충하여 별도의 '응접실'이나 '서재'를 갖춘 것이 특징이었다.

이러한 주거 공간의 변화는 단순히 외형의 서구화를 넘어, 가족 구성원 개개인의 사생활을 중시하는 근대적 자아의 형성을 촉진했다. 특히 전등과 수도, 가스 시설의 실내 도입은 가사 노동의 물리적 환경을 개선하여 도시인들에게 더 많은 여가 시간을 선사했다. 집 안에서 라디오를 청취하고 최신 잡지를 탐독하는 풍경은, 대중문화가 일상 깊숙이 침투할 수 있는 '사적 수용 공간'이 완성되었음을 의미한다. 이는 오늘날 일본의 인테리어 산업과 홈 엔터테인먼트 비즈니스가 고도의 세밀함을 갖추게 된 역사적 기틀이 되었다.

1-3-2 백화점(百貨店): 욕망을 전시하는 복합 오락 공간의 정립

도시 중간계층의 소비 욕구는 백화점이라는 거대 자본의 집약체에서 그 정점을 찍었다. 미쓰코시(三越)로 대표되는 근대적 백화점은 단순히 물건을 사고파는 상점을 넘어, 식당가, 전시장, 심지어 옥상 정원과 놀이시설을 갖춘 도시의 복합 문화 공간(Complex Culture Space)으로 군림했다.

특히 주목할 점은 일본 특유의 철도 자본과 유통업의 결합이다. 한큐(阪急) 등 사설 철도 회사들이 도심 터미널 역에 백화점을 세우고 교외 주택지를 연결하는 비즈니스 모델을 구축하면서, 소비는 곧 도시적 삶의 양식이 되었다. 당시 선풍적인 인기를 끌었던 "오늘은 제국극장, 내일은 미쓰코시"라는 광고 문구는 이러한 변화를 상징적으로 보여준다. 이는 최첨단 서구식 공연을 관람하는 '문화적 향유(제국극장)'와 최고급 물품을 구매하고 전시를 즐기는 '세련된 소비(미쓰코시)'가 하나의 패키지로 묶이며 중산층적 삶의 완성된 모델을 제시했음을 의미한다. 이러한 '터미널 백화점' 모델은 현재까지도 일본 물류와 유통 비즈니스의 핵심 전략으로 이어지고 있다.

1-3-3 카페(Café)와 비어홀: 담론의 장에서 대중적 사교 공간으로

긴자를 중심으로 확산된 카페와 비어홀은 도시인의 사교 방식을 근본적으로 바꾸어 놓았다. 메이지 시대의 카페가 주로 지식인과 예술가들이 모여 근대 사상을 논하던 담론의 장이었다면, 다이쇼 시대에 이르러 카페는 샐러리맨과 직업부인이 일상의 피로를 풀고 세련된 도시적 분위기를 향유하는 대중적 공간으로 변모했다.

인공 조명으로 장식된 화려한 카페 공간에서 서구식 서빙을 받으며 커피나 맥주를 마시는 행위는, 그 자체로 자신이 '근대인'임을 확인하는 문화적 의식이었다. 특히 카페에서 흐르던 레코드 음악과 서구풍 인테리어는 대중의 감수성을 자극하며 음악 산업과 디자인 산업의 동반 성장을 이끌었다. 이처럼 카페는 물리적 장소를 넘어 도시의 유행과 유언비어, 그리고 새로운 문화적 취향이 생산되고 유통되는 '문화적 물류의 허브' 역할을 수행했다.

1-4. '하이칼라'와 '모보·모가': 대중문화 아이콘의 탄생

1-4-1 '하이칼라(High Collar)': 근대적 취향의 선언과 차별화

메이지 후반기부터 다이쇼 시대에 이르기까지 일본 사회를 관통한 가장 강력한 문화 키워드는 '하이칼라'였다. 본래 서구식 정장의 높은 깃(High Collar)을 가리키던 이 용어는, 단순히 의복의 형태를 넘어 서구적 가치관과 세련된 취향을 공유하는 상류층 및 지식인 집단을 상징하는 기표로 확장되었다.

하이칼라 문화의 등장은 일본 대중문화에 '취향을 통한 계층의 구별 짓기'라는 새로운 심리적 기제를 이식했다. 이들은 전통적인 기모노 대신 양복을 입고, 쇠고기 전골(규나베)을 즐기며, 서구의 사상과 예술을 향유함으로써 자신들을 구시대와 분리했다. 이러한 경향은 대중에게 '선진적인 서구 문화'에 대한 강렬한 모방 심리를 자극했으며, 이는 훗날 일본이 서구의 콘텐츠를 수용하여 일본식으로 재해석하는 미적 정체성을 확립하는 데 지대한 영향을 미쳤다. 즉, 하이칼라는 일본 대중문화가 지향해야 할 일종의 '미학적 표준'을 제시한 초기 아이콘이었던 셈이다.

1-4-2 모던 보이와 모던 걸: 도시 공간의 살아있는 콘텐츠

다이쇼 말기에서 쇼와 초기에 이르러, 하이칼라의 바통을 이어받은 것은 더욱 파격적이고 감각적인 '모보(모던 보이)'와 '모가(모던 걸)'였다. 이들은 단순히 서구 문물을 동경하는 차원을 넘어, 도시의 번화가를 무대로 자신의 개성을 가시화하는 '이미지 소비의 주체'로 등장했다.

모던 보이는 헐렁한 세일러 바지에 뿔테 안경을 쓰고, 모던 걸은 단발머리에 짧은 스커트를 입고 긴자 거리를 활보하며 기성세대의 도덕관에 균열을 냈다. 이들에게 도시의 거리와 카페는 단순한 통로가 아니라, 자신의 스타일을 전시하고 타인의 시선을 소비하는 하나의 거대한 '미디어'였다. 특히 모던 걸의 등장은 가부장적 질서 아래 있던 여성의 신체를 해방하고 소비의 주역으로 끌어냈다는 점에서, 일본 대중문화가 여성 중심의 패션, 미용, 출판 산업으로 확장되는 결정적 계기를 마련했다. 이들은 당시 영화와 잡지 광고의 전면에 등장하며, 실재하는 인물을 넘어 대중이 선망하는 '스타(Star)'라는 개념을 일본 대중문화 속에 안착시켰다.

1-4-3 이미지의 물류와 글로벌 트렌드의 동시성

하이칼라와 모보·모가 현상에서 주목해야 할 비즈니스적 측면은 글로벌 트렌드의 동시성이다. 당시 일본의 대중은 파리와 뉴욕의 최신 유행을 잡지와 영화라는 매체를 통해 거의 실시간으로 수용하고 있었다. 이는 근대적인 미디어 물류 시스템이 작동하기 시작했음을 의미하며, 대중문화가 국가라는 틀을 넘어 글로벌한 이미지의 흐름 속에 편입되었음을 보여준다.

백화점과 잡지사는 이러한 모던 아이콘들의 욕망을 포착하여 대량 생산된 기성복과 화장품을 공급함으로써, '스타일의 민주화'를 이끌었다. 과거 특정 계층의 전유물이었던 세련된 이미지가 복제와 유통을 통해 일반 대중에게 확산되는 과정은, 현대 일본 콘텐츠가 지닌 강력한 '상품화(Merchandising) 전략'의 원형을 보여준다. 결과적으로 모보와 모가는 단순한 풍속의 변화를 넘어, 이미지와 상품이 결합하여 거대한 시장을 창출하는 대중문화 비즈니스의 탄생을 알린 생생한 증거였다.

제1장 핵심정리

- 근대 도시 인프라와 문화적 토대 구축:
  긴자 벽돌거리 조성과 가스등·전등의 보급은 도시를 '시각적 소비의 무대'로 재편하였으며, 야간 여가 활동을 가능케 함으로써 대중문화 수용을 위한 환경적 하드웨어를 완성함.
- 새로운 소비 주체, 도시 중간계층의 부상 :
  제1차 세계대전의 호황을 배경으로 등장한 샐러리맨과 직업부인은 안정된 소득을 바탕으로 근대적 라이프스타일을 주도하며, 대중문화 시장의 질적 전환과 팽창을 이끄는 핵심 동력이 됨.
- 생활양식의 모더니즘과 소비 공간의 혁신:
  문화주택과 카페는 사적·공적 영역에서 서구적 감수성을 향유하는 거점이 되었으며, 특히 철도 자본과 결합한 백화점 비즈니스는 대중의 욕망을 조직화하는 현대 일본 유통 산업의 원형을 정립함.
- 문화적 아이콘과 글로벌 트렌드의 수용:
  '하이칼라'와 '모보·모가'는 패션과 스타일을 통해 근대적 정체성을 표출한 아이콘으로서, 미디어를 통해 유입된 글로벌 트렌드를 실시간으로 복제하고 상품화하는 현대적 콘텐츠 비즈니스의 시작을 알림.

☑ 교실활동 코너

1. 다이쇼 시대 철도 자본이 '터미널 백화점'과 '교외 택지'를 개발한 사례를 조사해 보고, 이것이 오늘날 일본의 관광지(예: 시부야, 신주쿠)나 유통 비즈니스에 어떤 영향을 미치고 있는지 토론해보자.
2. 만약 본인이 1920년대 철도 회사의 마케팅 담당자라면, 새로 유입된 '샐러리맨'가정을 고객으로 확보하기 위해 어떤 문화 콘텐츠(오락시설, 잡지 광고 등)를 기획할 것인지 발표해보자.
3. 일본의 '긴자 벽돌거리'와 한국의 근대 거리(예: 경성 본정통/명동)의 형성 과정을 비교해 보고, 조명과 도로 정비가 양국 대중의 야간 여가 문화에 미친 공통점과 차이점을 조사해보자.
4. '모던 걸'을 주 타깃으로 하는 다이쇼 시대의 가상의 카페나 패션 잡지 비즈

니스 모델을 구상해 보고, 글로벌 트렌드를 어떻게 입수하여 마케팅에 활용했을지 '이미지 물류'의 관점에서 정리해 발표해보자.

문화 키워드 해설

- 긴자 벽돌거리(レンガ街): 1872년 대화재 이후 영국인 건축가 토마스 워터스의 설계로 조성된 일본 최초의 서양식 거리. 화재 예방이라는 기능적 목적 외에도, 보차도 분리와 가로수 식재 등을 통해 대중에게 '근대 도시'라는 시각적 스펙터클을 제공한 상징적 공간임.
- 샐러리맨(サラリーマン): 다이쇼 시대의 경제적 호황과 비약적인 산업화 과정에서 등장한 도시 중간계층을 대표하는 사회적 전형. 근대적 조직 안에서 고정된 급여를 받으며 생활하는 이들은 업무와 여가가 분리된 규격화된 일상을 확립하였으며, 대중문화의 표준적 취향을 형성하는 주 소비층이 됨.
- 직업부인(職業婦人): 타이피스트, 전화교환수, 교사 등 근대적 전문직에 종사하며 경제적 자립을 이룬 여성들을 일컫는 말. 이들의 부상은 일본 대중문화에 '여성적 감수성'과 '세밀한 일상의 미학'을 지배적 문법으로 장착하게 만든 결정적 계기가 됨.
- 문화주택(文化住宅): 전통적인 일식 가옥에 서양식 응접실(서재)과 가전 인프라(전등, 수도, 가스)를 접목한 주거 형태. 사생활 보호와 가사 노동의 효율화를 지향했으며, 라디오와 잡지 등 대중매체가 개인의 일상 깊숙이 침투할 수 있는 수용 공간을 제공함.
- 모보(Mobo)와 모가(Moga): '모던 보이(Modern Boy)'와 '모던 걸(Modern Girl)'의 약칭으로, 서구적 유행과 파격적인 패션을 통해 자아를 전시했던 다이쇼 시대의 문화적 아이콘. 글로벌 트렌드를 실시간으로 복제하고 상품화하는 현대적 콘텐츠 비즈니스와 이미지 소비 문화를 선도함.

제2장

활자 미디어의 발전과 잡지 문화

제2장 활자 미디어의 발전과 잡지 문화

2-1 근대 신문의 보급과 저널리즘의 확립

2-1-1 매체의 양극화: 정치적 담론의 '대신문'과 일상 밀착형 '소신문'

일본 근대 신문의 태동기는 독자층의 지적 수준과 사회적 이해관계에 따른 철저한 매체 양극화가 지배하던 시기였다. 메이지 정부의 초기 정책이나 헌법 제정과 같은 국가적 중대사를 한문 투의 딱딱한 문체로 다루었던 대신문(大新聞)은 지식인과 관료, 정치적 야심가들을 위한 전유물이었다. 이는 일종의 '담론 지배 계층'을 위한 전문 매체로서, 대중문화의 영역보다는 엘리트 정치 문화의 도구에 가까웠다.

반면, 1870년대 후반부터 등장한 소신문(小新聞)은 현대적 의미의 대중문화 매체로서의 효시를 보여준다. 소신문은 문해력이 낮은 서민 독자들을 배려하여 모든 한자 옆에 '가나(假名)'를 병기하였으며, 정치 담론 대신 기담, 사건·사고, 풍속 등 흥미 위주의 가십을 주로 다루었다. 이러한 소신문의 확산은 일본 사회의 기저에 잠들어 있던 '읽는 즐거움'을 자극하였고, 파편화되어 있던 도시 하층민과 서민들을 '대중 독자'라는 거대한 집단으로 조직화하기 시작했다. 이는 신문이 단순한 정보 전달을 넘어, 대중을 하나의 소비 공동체로 묶어내는 물류적 네트워크로 기능하기 시작했음을 보여준다.

2-1-2 상업주의 비즈니스의 도입과 신문의 '기업화'

1880년대 후반부터 대신문의 정치성과 소신문의 대중성이 결합하며 오늘날과 같은 대형 일간지의 형태가 나타나기 시작했다. 이 시기 신문 산업의 가장 큰 변화는 정당의 보조금에 의존하던 체제에서 탈피하여, 광고 수익과 구독료를 기반으로 하는 독립적인 상업 비즈니스로의 전환이었다. 『오사카 아사히신문』과 『오사카 마이니치신문』 등이 전국적인 영향력을 확보하며 거대 미디어 기업으로 도약한 배경에는 바로 이러한 상업적 저널리즘의 정착이 있었다.

신문의 기업화는 콘텐츠의 유통 측면에서 혁신적인 변화를 가져왔다. 철도망의 확충과 발맞추어 전국적인 배포 네트워크를 구축한 신문은, 일본 열도 전체에 동일한 정보를 동시간대에 공급하는 '정보 물류의 고속도로' 역할을 수행했다. 이는 각 지역에 흩어져 있던 대중이 동일한 뉴스와 가치관을 공유하게 함으로써 '국민'이라는 공동체 의식을 형성하는 심리적 기반이 되었으며, 광고주들에게는 전국 단위의 통합 마케팅이 가능한 최초의 플랫폼을 제공했다는 점에서 경제사적 의미가 크다. 나아가 신문은 단순한 읽을거리를 넘어, 정보의 생산·유통·소비를 연결하는 산업적 사슬을 구축하며 현대적 의미의 미디어 비즈니스로 자리잡았다.

2-1-3 저널리즘의 확장: 연재소설과 '상상된 공동체'의 강화

근대 신문이 대중의 지지를 확보하기 위해 사용한 가장 강력한 전략적 도구는 신문 연재소설이었다. 나쓰메 소세키(夏目漱石)나 모리

오가이(森鴎外) 같은 대문호들이 신문사에 소속되어 소설을 연재했다는 사실은, 당시 신문이 문학과 오락을 유통하는 핵심 플랫폼이었음을 증명한다. 매일 아침 이어지는 흥미진진한 서사는 대중이 신문을 정기 구독하게 만드는 강력한 '락인(Lock-in) 효과'를 발휘했다.

특히 신문 소설은 당시 급변하는 도시 생활의 고민과 연애, 좌절 등을 다룸으로써 독자들에게 공감의 장을 제공했다. 대중은 신문이라는 매체를 통해 타인의 삶을 엿보고 사회적 규범을 학습하며, 자신들이 거대한 현대 사회의 일원임을 자각하게 되었다. 이러한 서사의 공유는 저널리즘이 단순한 사실 전달을 넘어, 대중의 감수성과 취향을 선도하는 문화적 권위를 획득하게 만들었다. 나아가 신문은 문학·오락·정보를 결합한 복합적 유통 플랫폼으로 진화하며, 오늘날 일본 콘텐츠 산업에서 원작 소설이나 만화가 미디어 믹스를 통해 막대한 부가가치를 창출하는 비즈니스 구조의 원형적 토대가 되었다고 평가할 수 있다.

2-2 잡지 문화의 전성기와 세대별 독자층의 세분화

2-2-1 잡지 비즈니스의 발흥과 타깃 마케팅의 시초

다이쇼 시대에 접어들며 일본의 출판 시장은 신문을 넘어 '잡지(雜誌)의 시대'로 진입하게 된다. 이 시기 잡지 산업의 가장 혁신적인 특징은 익명의 다수에게 정보를 뿌리던 기존 방식에서 벗어나, 연령·성별·직업·취향에 따라 독자층을 정밀하게 타격하는 세분화 전략

(Market Segmentation)을 채택했다는 점이다.

단순히 소식을 전하는 매체를 넘어, 특정 계층의 라이프스타일을 설계하고 제안하는 잡지들이 쏟아져 나오기 시작했다. 이는 현대 마케팅의 핵심인 '타깃팅'이 일본 콘텐츠 산업에 깊숙이 뿌리내린 과정이며, 물류학적 관점에서는 특정 상품(정보)이 특정 수용자 그룹에 최적화된 경로로 전달되는 '지적 물류의 효율화'가 이루어진 시기이기도 하다. 잡지는 이제 단순한 종이 묶음이 아니라, 독자의 소속감을 확인시켜 주는 문화적 징표이자 소비의 나침반이 되었다. 나아가 잡지는 독자층을 세분화함으로써 광고주에게도 특정 소비 집단을 정밀하게 겨냥할 수 있는 플랫폼을 제공했으며, 이는 현대적 의미의 타깃 마케팅과 미디어 커머스의 출발점이었다.

2-2-2 지식인 담론에서 여성과 아동까지: 매체 권력의 확산

다이쇼 시대의 잡지 지형도는 일본 사회의 지적 분화를 고스란히 반영한다. 『중앙공론(中央公論)』이나 『개조(改造)』 같은 종합 잡지들은 당대 최고의 지식인들이 민주주의와 사회 문제를 논하던 담론의 장이었으며, 이는 '다이쇼 데모크라시'의 지적 자양분이 되었다.

동시에 여성의 사회 진출과 맞물려 여성 잡지 시장이 폭발적으로 성장했다. 『부인의 벗(婦人之友)』, 『부인공론』 등은 가사 노동의 합리화부터 여성의 자아 실현, 최신 패션 트렌드에 이르기까지 직업부인과 주부들의 일상을 지배하는 강력한 가이드북 역할을 수행했다. 여성 잡지는 단순한 생활 정보지를 넘어, 여성 독자들에게 사회적 주체로서의 자각을 심어주는 문화적 권력의 매개체였다.

또한『소년세계』,『소녀세계』와 같은 아동·청소년 잡지들은 미래의 소비 주역인 아이들에게 만화, 소설, 과학 지식을 공급하며 '세대별 정체성'을 부여했다. 이는 단순한 오락을 넘어, 세대별 독자층을 조직화하는 과정이었으며, 훗날 일본 만화 잡지가 연령별(소년지, 청년지, 순정지 등)로 정교하게 분류되어 세계적인 경쟁력을 갖게 된 비즈니스 모델의 모태가 되었다.

2-2-3 문화적 매뉴얼로서의 잡지: 취향의 평준화와 산업의 확장

당시의 잡지는 단순한 읽을거리를 넘어, 근대인으로서 갖추어야 할 '교양과 취향의 매뉴얼'이었다. 잡지가 소개하는 인테리어, 요리 레시피, 서구식 에티켓, 의복 코디네이션은 도시 중산층에게 근대적 삶의 표준을 제시했다. 독자들은 잡지를 통해 자신이 추구하는 계층적 이미지를 학습하고, 관련 상품을 소비함으로써 그 정체성을 완성하고자 했다.

이러한 취향의 조직화는 광고 산업과 유통 비즈니스의 비약적인 성장을 견인했다. 백화점은 잡지에 소개된 최신 유행을 매장에 진열하고, 잡지사는 백화점의 상품을 세련된 화보로 구성하는 '콘텐츠-유통 간의 선순환 구조'를 확립했다. 이는 현대의 미디어 커머스(Media Commerce)의 원형이자, 정보가 실물 경제를 움직이는 강력한 물류 동력이 될 수 있음을 입증한 사례이다.

결과적으로 다이쇼 시대의 잡지 전성기는 일본 대중문화가 단순한 오락을 넘어 거대한 산업 생태계로 진화했음을 상징하는 사건이었다. 잡지는 독자의 취향을 조직화하고, 광고·유통·소비를 연결하는 산업적 플랫폼으로서 기능하며, 일본 대중문화가 글로벌 비즈니스와 연결될 수 있는 토대를 마련했다.

2-3 출판물의 대량 생산과 '엔본' 열풍

2-3-1 지식의 가격 파괴: '엔본(円本)'이라는 비즈니스 혁명

1920년대 중반, 일본 출판계에는 단돈 1엔으로 세계 문학이나 전집을 소유할 수 있는 이른바 '엔본(円本)' 열풍이 휘몰아쳤다. 가이조샤(改造社)가 1926년 『현대일본문학전집』을 1권당 1엔이라는 파격적인 가격에 내놓으며 시작된 이 현상은, 당시 책 한 권의 가격이 보통 2~3엔을 호가하던 시장의 상식을 뒤엎는 사건이었다.

이는 단순한 가격 인하가 아니라, 출판 산업이 박리다매(薄利多賣) 형태의 대량 생산 체제로 진입했음을 의미한다. 출판사들은 수만 부 단위의 예약 구독자를 선제로 확보하여 제작 단가를 획기적으로 낮추었고, 이는 자본의 회전율을 높이는 현대적 의미의 '선주문-후생산' 물류 시스템의 초기 형태를 보여주었다. 엔본 열풍으로 인해 고급 지식의 상징이었던 '책'은 이제 누구나 서재에 꽂아둘 수 있는 보편적 소비재로 변모하였다. 이는 지식이 더 이상 소수의 전유물이 아니라, 대중의 생활 속으로 확산되는 문화적 민주화의 계기였다.

2-3-2 전집 열풍과 거대 출판 자본의 형성

엔본 열풍은 문학 전집을 넘어 역사·과학·철학 등 다양한 학문 분야로 확산되었다. 이 과정에서 고단샤(講談社), 이와나미 서점(岩波

書店) 등 오늘날 일본을 대표하는 거대 출판사들이 경제적 기반을 마련하였다. 출판사 간의 치열한 전집 발행 경쟁은 대중에게 방대한 양의 정보를 저렴하게 공급하는 결과를 낳았으나, 동시에 출판 자본이 시장을 독과점하고 편집권이 상업적 논리에 종속되는 부작용도 발생했다.

특히 이 시기에는 지식을 일정한 규격(판형)으로 표준화하여 대량 보급하는 기법이 발달했다. 이는 정보의 '규격화'가 물류 효율성을 극대화하는 것과 같은 원리였다. 전집의 형태로 거실 서가에 나란히 꽂힌 책들은 중산층 가정의 문화적 허영심을 자극하는 인테리어 요소로도 기능했으며, 지식이 상품을 넘어 하나의 '브랜드 이미지'로 소비되기 시작했음을 보여준다. 출판물은 단순한 지식 전달 매체가 아니라, 소비자의 사회적 지위를 상징하는 문화적 자산으로 자리잡았다.

2-3-3 '이와나미 문고'와 포켓북: 이동하는 지식의 물류

엔본 열풍의 연장선상에서 1927년 등장한 '이와나미 문고(岩波文庫)'는 출판 물류의 또 다른 혁신을 가져왔다. 독일의 레클람 문고를 모델로 한 이 문고본 체제는, 고전과 양서를 작고 가벼운 판형으로 제작하여 저렴한 가격에 보급하는 것을 목표로 했다.

이 문고본의 등장은 지식의 수용 환경을 서재에서 거리와 열차 안으로 확장시켰다. 샐러리맨들은 출퇴근 길 열차 안에서 가볍게 책을 꺼내 읽기 시작했고, 지식은 더 이상 고정된 장소에 머물지 않고 도시의 교통망을 따라 실시간으로 이동하는 '유동적 콘텐츠'가 되었다. 이러한 문고본 문화는 현재까지도 일본 출판 시장의 근간을 이루고 있으며, 일본 대중이 지하철이나 공공장소에서 독서를 즐기는 독특한 풍경을 만든 역사적 기원이 되었다.

정보의 소형화와 경량화가 가져온 이 혁명은 콘텐츠 비즈니스에서 '휴대성'이 고객의 도달률(Reach)을 얼마나 높일 수 있는지를 증명한 선구적 사례였다. 문고본은 단순한 책의 형식을 넘어, 지식이 물류망을 타고 도시 공간을 순환하는 새로운 문화적 흐름을 만들어냈다.

제2장 핵심정리

- 메이지 시대 신문은 대신문(정치 담론 중심)과 소신문(대중 오락 중심)으로 양극화됨
- 신문 산업은 광고·구독료 기반의 상업적 기업화를 통해 전국적 배포망을 구축, 정보 물류의 고속도로 역할 수행
- 연재소설은 신문 구독을 고착화시키며 대중의 감수성과 취향을 선도하는 문화적 권위를 획득함
- 다이쇼 시대 잡지는 세분화 전략을 통해 연령·성별·계층별 독자층을 정밀하게 타깃팅함
- 여성·아동 잡지의 성장으로 매체 권력이 지식인 담론에서 생활·교육 영역까지 확산됨
- 잡지는 교양·취향의 매뉴얼로 기능하며 광고·백화점 유통과 결합해 콘텐츠-유통 선순환 구조를 형성함
- 1920년대 '엔본(円本)' 열풍은 출판물의 대량 생산과 가격 혁신을 이끌며 지식의 대중화를 촉진함
- 전집 경쟁은 거대 출판 자본을 형성했으나, 상업 논리에 따른 편집권 종속이라는 부작용도 발생함
- '이와나미 문고'의 등장으로 지식은 휴대 가능한 콘텐츠로 변모, 도시 교통망을 따라 이동하며 독서 문화의 새로운 지형을 창출함

교실활동 코너

1. 대신문과 소신문의 차이를 조사하고, 오늘날 신문·온라인 뉴스와 비교해보자.
2. 신문 연재소설이 독자층을 형성한 사례를 찾아보고, 현대 웹소설·웹툰과 연결해보자.
3. 다이쇼 시대 잡지의 세분화 전략을 분석하고, 현재 SNS·유튜브 채널의 타깃팅 방식과 비교해보자.

4. 여성·아동 잡지의 역할을 조사하고, 오늘날 여성지·청소년지와 어떤 연속성이 있는지 발표해보자.
5. '엔본' 열풍의 경제적 의미를 토론하고, 현대 출판·전자책·구독 서비스와 연결해보자.
6. '이와나미 문고'의 휴대성 혁신을 체험하기 위해, 학생 각자가 즐겨 읽는 모바일 콘텐츠를 공유해보자.

문화 키워드 해설

- 대신문(大新聞): 정치·지식인 담론 중심의 근대 신문, 엘리트 독자를 대상으로 함
- 소신문(小新聞): 사건·사고·가십 중심의 대중 신문, 서민 독자를 조직화한 매체
- 연재소설: 신문에 연속적으로 게재된 소설, 독자 구독을 고착화시키는 장치
- 세분화 전략(Market Segmentation): 독자층을 연령·성별·계층별로 나누어 맞춤형 콘텐츠 제공
- 엔본(円本): 1엔에 판매된 전집류 출판물, 지식의 대중화를 촉발한 가격 혁신
- 문고본(Paperback): 작고 가벼운 판형의 책, 지식의 휴대성과 이동성을 강화한 출판 혁신
- 콘텐츠-유통 선순환 구조: 잡지와 백화점이 상호 협력하여 유행을 생산·소비하는 구조

제3장

초기 대중매체의 성장과 사회적 영향

제3장 초기 대중매체의 성장과 사회적 영향

3-1 라디오 방송의 시작과 역사적 변천

3-1-1 전파 기술의 축적과 방송 준비

메이지 후반부터 일본 사회는 전신과 전화망의 확충을 통해 전파 기술을 꾸준히 발전시켜 나갔다. 군사와 해운, 통신 분야에서 무선전신이 실용화되면서 전파의 가능성은 점차 넓어졌고, 다이쇼기에 들어서 대학과 기업 연구소, 그리고 아마추어 무선 동호회가 라디오 수신과 송신 기술을 시험하였다. 이러한 기술적 기반은 방송국 설립 논의를 본격화하는 계기가 되었으며, 라디오가 단순한 통신 수단을 넘어 공공 매체로 자리 잡을 수 있는 토대를 마련하였다.

3-1-2 1925년 라디오의 개시와 프로그램 구성

1925년 도쿄방송국(東京放送局)이 시험 방송을 거쳐 정식 라디오 방송을 개시하면서 일본 사회는 새로운 매체의 등장을 경험하게 되었다. 초기 방송은 음악 연주와 라쿠고(落語), 강연, 스포츠 중계, 생활 정보 등으로 구성되었는데, 인쇄매체와 달리 라디오는 실시간성과 동시청취성을 강점으로 삼았다. 동일한 시간에 동일한 콘텐츠를 전국 가정이 함께 경험하면서 집합적 감정과 공통 화제가 빠르게 형성되었고, 이는 국민적 정체성을 강화하는 효과를 가져왔다.

3-1-3 가정 보급과 생활문화의 변화

1930년대에 들어서면서 라디오는 급속히 가정에 보급되었다. 수신기 가격이 하락하고 제조사 간 경쟁이 치열해지면서 라디오 수신기는 점차 대중화되었으며, 거실 중심의 가족 청취는 새로운 생활 습관으로 자리 잡았다. 라디오 드라마는 음성과 효과음만으로 상상력을 자극하여 아동과 청소년층의 인기 장르가 되었고, 야구와 경마, 복싱 중계는 팬 문화를 전국적으로 확산시켰다. 라디오는 가정뿐 아니라 학교와 청년회, 상점가 등 지역 공동체에서도 공개 청취 행사로 활용되며 사회적 결속을 강화하였다.

3-1-4 전시기의 라디오와 국가 동원

1930년대 후반에서 1940년대 전시기에 라디오는 국가 선전과 국민 동원의 도구로 활용되었다. 전황 보도와 군가 방송, 애국 강연 등은 방송의 공공성을 국가 목적에 결합시켰고, 편성의 자율성은 크게 제약되었다. 동시에 라디오는 공습과 재난, 통행 통제 등 실용 정보를 전달하는 창구로서 국민의 일상 안전과 행정 공지에 기여하였다. 이러한 전시 경험은 방송의 공공성이 권력과 긴장 관계에 놓일 수 있다는 교훈을 남겼고, 전후 방송법과 자율규제의 핵심 가치인 정치적 공평성과 사실 보도, 다양한 의견 제시를 설계하는 배경이 되었다.

3-1-5 전후 라디오의 재편과 공영·민영 병존

1945년 패전 이후 점령하에서 방송의 민주화와 공공성 회복이 진행되었다. 공영방송 NHK는 수신료를 근간으로 교육과 교양, 문화 편성을 강화하였고, 민영방송은 광고 재원을 바탕으로 오락과 버라이어티, 스포츠를 확장하였다. 라디오는 텔레비전의 등장 뒤에도 뉴스 속보와 교통 정보, 음악과 토크 등 '동시적 청취' 영역에서 존재감을 유지하였다. 전후 라디오 드라마와 음악 프로그램은 상처받은 사회 정서를 위로하고, 지역국 제작은 로컬 문화를 재발견하고 확산하는 채널로 자리매김하였다.

3-1-6 라디오 문화의 표준화와 산업 생태계

라디오 편성은 시간대별 청취자 특성에 맞춰 점차 표준화되었다. 아침에는 정보 프로그램, 정오에는 생활 정보, 심야에는 음악과 토크 프로그램이 배치되었으며, 광고주와 광고대행사, 프로덕션이 얽힌 산업 생태계가 형성되었다. 공개 생방송과 출연자 팬클럽, 엽서와 전화 참여 등 쌍방향 요소는 청취자의 참여도를 높였다. 라디오는 텔레비전과 신문과 상호 보완 관계를 맺으며 크로스미디어 캠페인을 전개했고, 지역 이벤트와 축제와 연동하여 오프라인 참여 문화를 촉진하였다.

3-1-7 디지털 시대의 라디오: IP·스트리밍·팟캐스트

디지털 전환 이후 라디오는 IP 스트리밍과 온디맨드 청취로 외연을 확장하였다. 실시간 동시 스트리밍은 이동과 작업 중 청취 편의를 높였고, 팟캐스트와 아카이브 서비스는 심야와 주말 등 비선형 청취를 가능하게 했다. 스마트 스피커와 모바일 앱은 접근성을 크게 높였으며, 젊은 층은 짧은 토크와 음악 큐레이션, 뉴스 브리핑 등 '스낵형 오디오'에 높은 반응을 보였다. 광고는 호스트 리드와 다이내믹 인서션 등 디지털 친화 형식으로 진화했고, 라디오는 텍스트와 영상 대비 낮은 주의 집중 요구로 "동시 활동 친화 매체"라는 고유 가치를 유지했다.

3-2 영화의 발전과 대중문화

3-2-1 영화의 도입과 초기 발전

영화는 19세기 말 서구에서 발명된 새로운 시각 매체로, 일본에는 메이지기 말기에 도입되었다. 1897년 요코하마에서 최초의 영화 상영이 이루어졌으며, 이후 도쿄와 오사카 등 대도시에서 영화 상영이 확산되었다. 초기 영화는 외국에서 수입된 단편 기록영화와 활동사진으로, 대중에게 '움직이는 그림'이라는 신기한 볼거리를 제공하였다. 1903년 아사쿠사 전기관(浅草電気館)이 개관하면서 일본 최초의 상설 영화관이 등장하였고, 영화는 도시 대중의 새로운 오락으로 자리잡기 시작했다.

3-2-2 일본 영화의 형성과 장르 발전

일본 영화는 초기에는 외국 영화의 모방과 수입에 의존했으나, 점차 독자적 장르를 형성하였다. 사무라이 영화(時代劇)는 일본 전통문화를 배경으로 한 대표적 장르로, 검술과 무사도의 미학을 대중에게 전달하였다. 멜로드라마는 도시 중간계층의 생활과 감정을 반영하며 대중적 인기를 끌었고, 코미디 영화는 일상적 풍속을 풍자하며 웃음을 제공하였다. 이러한 장르의 다양화는 일본 영화가 단순한 오락을 넘어 사회적 가치와 생활양식을 반영하는 문화적 장치로 발전했음을 보여준다.

3-2-3 영화와 도시 대중문화

영화관은 도시인의 일상적 오락 공간으로 자리 잡았다. 아사쿠사, 우에노, 신주쿠 등 도쿄의 번화가에는 영화관이 밀집하였고, 영화는 연극과 가부키, 만담과 함께 대중 오락의 중심이 되었다. 영화는 단순한 오락을 넘어 도시인의 생활양식과 소비문화를 형성하는 데 기여하였다. 미국 영화의 유입은 일본 젊은 세대의 패션과 생활양식에 영향을 주었고, 모보(モボ, 모던보이)와 모가(モガ, 모던걸) 세대는 이를 적극적으로 수용하였다. 영화는 도시 대중이 서구 문화를 접하는 창구였으며, 일본 사회의 근대화와 국제화를 촉진하는 매체였다.

3-2-4 전시기의 영화와 국가 선전

1930년대 후반에서 1940년대 전시기에는 영화가 국가 선전의 도구로 활용되었다. 일본 정부는 전쟁 상황을 영화로 기록·보도하고, 애국심을 고취하는 작품을 제작하였다. 전시 영화는 국민을 전쟁 체제에 결속시키는 역할을 하였으며, 영화관은 국가 선전의 현장이 되었다. 그러나 동시에 영화는 대중에게 전쟁의 현실을 전달하는 창구가 되었고, 이는 일본 사회의 집단적 경험을 형성하는 데 기여하였다.

3-2-5 전후기의 영화와 대중문화의 재편

1945년 패전 이후 영화는 다시 대중문화의 매체로 자리 잡았다. 전후 혼란 속에서 영화는 국민에게 오락과 위안을 제공하며 사회적 안정에 기여하였다. 미국 점령군의 검열과 문화 정책은 일본 영화의 내용과 형식에 영향을 주었고, 민주주의와 평화의 가치가 영화 속에 반영되었다. 전후 일본 영화는 오즈 야스지로(小津安二郎), 구로사와 아키라(黒澤明), 미조구치 겐지(溝口健二) 등 거장들의 작품을 통해 세계적으로 인정받았다. 이들의 작품은 일본 사회의 가족과 도시, 역사적 경험을 섬세하게 묘사하며, 일본 영화가 예술적 성취와 대중적 인기를 동시에 확보하는 계기가 되었다.

3-2-6 영화의 역사적 의의

영화는 초기에는 외국에서 수입된 신기한 오락으로 출발했으나, 점차 일본 사회의 생활과 가치관을 반영하는 독자적 장르로 발전하였다. 영화관은 도시 대중의 오락 공간으로 자리 잡았고, 영화는 서구 문화를 접하는 창구이자 일본 사회의 근대화와 국제화를 촉진하는 매체였다. 전시기에는 국가 선전의 도구로 활용되었고, 전후에는 민주주의와 평화의 가치 확산에 기여하였다. 영화는 일본 대중문화의 역사 속에서 단순한 오락을 넘어 사회적·정치적·문화적 변화를 반영하는 거울이었다.

3-3 방송의 법제도적 특성

3-3-1 공영·민영 방송의 이원체제

일본의 방송체제는 공영방송과 민영방송이 공존하는 이원적 구조를 특징으로 한다. 공영방송 NHK는 수신료를 기반으로 운영되며, 정부 지원이나 광고 수입에 의존하지 않는다. 이러한 구조는 방송의 공공성과 독립성을 확보하기 위한 제도적 장치였다. 반면 민영방송은 광고 수입을 주요 재원으로 삼아 오락성과 상업성을 강조하며 시청률 경쟁을 벌였다. 이처럼 공영과 민영이 병존하는 체제는 방송의 공익성과 상업성이 동시에 작동하는 일본 방송문화의 기본 틀을 형성하였다.

3-3-2 방송법과 전파법의 제정과 개정

1950년대 초, 일본은 급변하는 방송환경에 대응하기 위해 전파 관련 3법을 제정하였다. 1950년 전파법, 방송법, 전파감리위원회설치법이 마련되면서 방송제도의 근간이 확립되었다. 이 법들은 전후 개혁의 일환으로, 미 점령군의 영향 아래 방송의 민주적 운영과 공공성을 보장하기 위해 제정된 것이다. 방송법은 프로그램 편집의 자유를 보장하면서도 공안과 미풍양속을 저해하지 않도록 규제하였으며, 정치적 공평성과 사실 보도의 정확성을 강조하였다. 또한 의견 대립 문제에 대해서는 다양한 관점을 제시하도록 요구하였다. 전파법은 주파수 관리와 방송사업 허가를 규율하였고, 매스미디어 집중배제 원칙을 통해 특정 기업이 방송국을 독점하지 못하도록 제한하였다. 이후

2010년에는 방송법이 60년 만에 개정되어, 디지털화와 다매체 환경에 맞추어 새로운 규제 체계가 마련되었다. 이는 방송이 단순한 지상파 중심에서 벗어나 케이블·위성·인터넷 등 다양한 플랫폼으로 확장되는 현실을 반영한 것이었다.

3-3-3 방송 관련 규제와 자율규제

일본 방송은 법적 규제와 함께 자율규제 체계를 갖추고 있다. 방송법과 전파법에 따른 규제 외에도 방송사들은 프로그램 준칙을 마련하여 정치적 공평성, 사실 보도의 정확성, 사회적 가치 존중을 실천하고자 했다. 전문가로 구성된 방송프로그램 심의위원회가 운영되며, 방송윤리기본강령과 일본민간방송연맹의 방송기준이 마련되어 있다. 또한 방송윤리·프로그램 향상기구(BPO)는 방송의 공정성과 윤리성을 감시하는 역할을 수행한다. 이러한 자율규제는 법적 규제와 병행하여 방송의 신뢰성을 높이고, 시청자와 사회의 요구에 부응하는 장치로 기능하였다.

3-4 공영방송 NHK

3-4-1 NHK의 운영 구조와 재원

NHK(日本放送協会)는 일본의 대표적인 공영방송으로, 운영 재원의 대부분을 수신료에 의존한다. 정부의 직접적인 재정 지원이나 광고 수입은 전혀 없으며, 전체 사업 수입의 약 80% 이상을 수신료가 차지한다. 이러한 구조는 NHK가 정치적·경제적 압력으로부터 상대적 독립성을 유지하고, 공공성을 기반으로 한 방송을 실현하기 위한 제도적 장치였다. 2020년대 기준 NHK의 수신료 납부율은 약 80%에 달하며, 국민 대다수가 방송 운영에 직접 참여하는 형태를 보여준다. 이는 NHK가 단순한 방송사가 아니라 국민과 직접 연결된 공공기관이라는 성격을 강화하는 요소였다.

3-4-2 NHK의 방송 편성과 문화적 역할

NHK는 장르별로 균형 잡힌 프로그램을 제작하며, 뉴스와 교양, 드라마, 다큐멘터리, 교육 프로그램 등 다양한 분야를 포괄한다. 특히 NHK는 '국민적 방송'으로서 사회적 신뢰도를 높이는 데 주력해왔다. 매년 연말에 방송되는 '홍백가합전(紅白歌合戦)'은 일본 국민이 세대와 지역을 넘어 함께 시청하는 대표적 프로그램으로 자리 잡았으며, 대하드라마와 아침 연속극은 역사와 사회적 기억을 재현하며 국민적 공감대를 형성하는 데 기여하였다. NHK는 상업적 이익보다는 공공적 가치에 초점을 맞추기 때문에, 프로그램 제작비도 장르별로 공익성을 고려하여 배분된다. 뉴스와 시사 프로그램은 사실성과 공정성을 중시하며, 드라마와 다큐멘터리는 사회적 메시지를 담아내는 데 주력한다.

3-4-3 NHK의 신뢰성과 사회적 평가

NHK는 일본 내에서 가장 신뢰받는 언론기관으로 평가된다. 각종 조사에서 NHK는 언론기관 신뢰도 1위를 기록하며, 정치적 중립성과 사실 보도를 유지하려는 노력의 결과를 보여주었다. 그러나 동시에 NHK는 내부 부정 사건이나 운영 방식에 대한 비판을 받기도 했다. 예컨대 2005년에는 내부 직원의 비리를 고발하는 사건이 발생하여 사회적 논란을 일으켰다. 그럼에도 불구하고 NHK는 자율적 개혁과 투명성 강화 노력을 통해 신뢰를 회복하며, 여전히 일본 방송문화의 중심축으로 기능하고 있다. NHK는 재난 방송과 선거 방송 등 국가적 위기 상황에서 국민에게 정확한 정보를 제공하는 역할을 수행하며, 일본 사회에서 공영방송의 필요성과 가치를 지속적으로 입증해 왔다.

3-5 지상파 민방 TV

3-5-1 민방의 등장과 네트워크 구조

일본의 민간 텔레비전 방송은 1953년 니혼TV가 개국하면서 본격적으로 시작되었다. 이후 TBS, 후지TV, TV아사히, TV도쿄가 차례로 개국하여 도쿄를 방송권역으로 하는 5개 키국(キー局)이 형성되었다. 이들 키국은 전국 각 지방 방송국과 네트워크를 구축하여 프로그램을 공급하고, 전국적인 방송망을 형성하였다. 현재 일본에는 100개가 넘는 지상파 민방이 존재하며, 키국 중심의 네트워크 체제는 일본 방송산업의 구조적 특징으로 자리 잡았다. 민방 키국은 각기 계열신문사와 연결되어 있어, 니혼TV는 요미우리신문, TBS는 마이니치신문, 후지TV는 산케이신문, TV아사히는 아사히신문, TV도쿄는 일본경제신문과 제휴 관계를 맺었다. 이러한 신문·방송의 결합은 뉴스 자원의 공유와 여론 형성에 큰 영향을 미쳤다.

3-5-2 민방의 오락성과 상업성

민방은 광고 수입을 주요 재원으로 삼기 때문에 오락성과 상업성을 강조하는 프로그램을 제작하였다. 버라이어티 쇼, 드라마, 스포츠 중계 등은 시청률 경쟁의 핵심 장르였다. 예를 들어, 니혼TV는 「전파 소년」과 같은 실험적 버라이어티 프로그램을 통해 대중적 인기를 끌었고, 후지TV는 1980년대 트렌디 드라마를 통해 월요일 오후 9시대의 시청률을 장악하였다. TV아사히는 뉴스 보도에 강세를 보이며 「뉴스 스테이션」을 통해 미국식 앵커 스타일을 도입하였다. TV도쿄는 여행·온천·음식 프로그램과 애니메이션에 특화하여 독창적인 채널 정체성을 구축하였다. 특히 「포켓몬스터」와 같은 애니메이션은 일본을 넘어 세계적으로 인기를 끌며, 민방이 글로벌 문화 확산에도 기여했음을 보여준다.

3-5-3 민방의 사회적 영향과 구조적 특징

민방은 일본 대중문화의 형성과 확산에 결정적 역할을 하였다. 오락성과 상업성을 기반으로 한 프로그램은 국민의 일상적 여가 문화를 규정하였고, 광고와 소비문화를 결합시켜 기업과 시청자를 연결하는 매개체로 기능하였다. 동시에 민방은 신문사와의 제휴를 통해 뉴스 보도의 영향력을 확대하며 여론 형성에도 기여하였다. 민방의 구조는 프로그램 제작사, 광고대리점, 기업, 시청자가 서로 연결된 복합적 네트워크로 이루어져 있다. 프로그램 제작비는 광고비를 통해 충당되며, 광고대리점은 기업과 방송국을 연결하는 중개 역할을 수행한다. 이러한 구조는 방송산업이 단순한 문화산업을 넘어 경제적·사회적 시스템으로 작동하고 있음을 보여준다.

3-6 방송문화와 편성

3-6-1 방송 편성의 기본 원리

일본 방송문화에서 편성은 단순히 프로그램을 배열하는 기술적 과정이 아니라, 사회적 가치와 대중적 요구를 반영하는 중요한 과정이었다. 방송법은 프로그램 편집의 자유를 보장하면서도 정치적 공평성과 사실 보도의 정확성을 요구하였고, 방송사들은 이를 고려하여 편성 전략을 수립하였다. 공영방송 NHK는 공공성과 교육적 기능을 강조하며 뉴스와 교양, 다큐멘터리, 드라마를 균형 있게 배치하였다. 반면 민영방송은 광고 수입을 기반으로 시청률을 최우선 목표로 삼아 버라이어티 쇼, 드라마, 스포츠 중계 등 오락성을 강조하는 편성을 구축하였다. 이처럼 방송 편성은 각 방송사의 성격과 재원 구조를 반영하면서, 동시에 사회적 요구와 시청자의 기대를 충족시키는 방향으로 발전하였다.

3-6-2 시청자와 미디어 접촉 시간

방송 편성은 시청자의 생활 리듬과 밀접하게 연관되어 있다. 일본 총무성 정보통신정책연구소가 발표한 「2016년 정보통신 미디어 이용시간과 정보행동에 관한 조사보고서」(2017년 공개)에 따르면, 텔레비전은 여전히 가장 긴 미디어 접촉 시간을 기록하며 대중문화의 중심

매체로 자리 잡고 있었다. 라디오와 신문, 잡지는 점차 감소하는 추세였으나, 컴퓨터와 스마트폰, 태블릿PC 등 새로운 디지털 매체의 접촉 시간이 증가하면서 방송 편성에도 변화가 요구되었다. 방송사들은 이러한 변화를 반영하여 심야 시간대에는 젊은 층을 겨냥한 프로그램을, 주말과 황금시간대에는 가족 단위 시청자를 겨냥한 프로그램을 배치하였다. 즉, 방송 편성은 단순히 프로그램을 나열하는 것이 아니라 시청자의 생활 패턴과 사회적 변화를 반영하는 전략적 과정이었다.

3-6-3 고시청률 프로그램과 국민적 이벤트

방송문화는 국민적 이벤트와 고시청률 프로그램을 통해 사회적 기억을 형성하였다. NHK의 '홍백가합전'은 매년 연말에 방송되며 일본 국민이 세대와 지역을 넘어 함께 시청하는 대표적 프로그램으로 자리 잡았다. 또한 1983년 NHK에서 제작된 드라마 '오싱(おしん)'은 전쟁기와 전후의 혼란기를 살아가는 한 여성의 일대기를 그려내며 국민적 공감대를 형성하였다. 이 드라마는 일본 방송사상 가장 높은 시청률을 기록하며 방송이 단순한 오락을 넘어 사회적 기억을 공유하는 장치가 될 수 있음을 보여주었다. 민방 역시 다양한 버라이어티 쇼와 드라마를 통해 대중적 유행을 창출하였다. 후지TV의 트렌디 드라마는 1980년대 일본 사회의 소비문화와 라이프스타일을 반영하며 국민적 관심을 끌었고, 니혼TV와 TBS는 버라이어티 프로그램과 장기 드라마를 통해 시청률 경쟁을 주도하였다. 이러한 고시청률 프로그램은 방송문화가 사회적 담론을 형성하고 국민적 정체성을 강화하는 데 중요한 역할을 했음을 보여준다.

3-7 방송문화와 민방

3-7-1 민방 채널별 특성과 정체성

일본의 지상파 민방은 각 채널이 뚜렷한 정체성을 형성하며 방송문화의 다양성을 이끌어왔다. 니혼TV는 요미우리신문을 모회사로 두고 강력한 뉴스망을 구축하였으며, 동시에 버라이어티 프로그램을 통해 대중적 인기를 얻었다. TBS는 장기 드라마와 뉴스 네트워크 JNN을 통해 안정적이고 신뢰성 있는 방송 이미지를 구축하였다. 후지TV는 1980년대 이후 트렌디 드라마와 버라이어티 프로그램으로 젊은 세대의 문화를 선도하며, '월9 드라마'라는 시간대를 국민적 시청 습관으로 자리 잡게 했다. TV아사히는 뉴스 보도와 영화 프로그램에 강세를 보이며, 미국식 뉴스쇼와 앵커 스타일을 최초로 도입하였다. TV도쿄는 경제와 교육, 여행, 음식 프로그램에 특화하고, 애니메이션 분야에서 독보적 위치를 차지하였다. 이처럼 각 민방은 고유한 정체성을 통해 다양한 시청자층을 확보하고, 방송문화의 다채로운 흐름을 만들어냈다.

3-7-2 대표 프로그램과 대중문화의 형성

민방은 다양한 프로그램을 통해 대중문화의 흐름을 주도하였다. 니혼TV의 「전파소년」은 실험적 버라이어티 프로그램으로 큰 인기를 끌었으며, 후지TV의 트렌디 드라마는 1980년대 일본 사회의 소비문화와 라이프스타일을 반영하였다. TBS의 「세상살이 원수천지」는 20년간 500회 이상 방영된 장기 드라마로, 가족과 사회 문제를 다루며 국민적 공감대를 형성하였다. TV아사히의 「뉴스 스테이션」은 미국식 앵커 시스템을 도입하여 뉴스 보도의 새로운 형식을 제시하였고, 「일요양화극장」은 해외 영화 더빙 방송을 통해 대중적 인기를 얻었다. TV도쿄는 「운수대통! 뭐든지 감정단」과 같은 독창적 프로그램을 제작하며, 애니메이션 「포켓몬스터」를 통해 세계적 문화 현상을 만들어냈다. 이러한 프로그램들은 각 방송사의 정체성을 강화하는 동시에 일본 대중문화의 흐름을 형성하는 데 중요한 역할을 했다.

3-7-3 민방의 사회적 영향과 문화적 의미

민방은 오락성과 상업성을 기반으로 하면서도 일본 대중문화의 형성과 확산에 결정적 역할을 했다. 각 채널은 고유한 정체성을 통해 다양한 시청자층을 확보하였고, 프로그램은 국민적 유행을 창출하며 사회적 담론을 형성하였다. 특히 애니메이션과 드라마는 일본 대중문화가 국경을 넘어 세계적으로 확산되는 데 중요한 매개체가 되었다. 민방은 광고와 소비문화를 결합시켜 기업과 시청자를 연결하는 동시에, 방송산업의 경제적 구조를 강화하였다. 이러한 과정은 일본 방송문화가 공영방송의 공공성과 병행하여 상업적 경쟁 속에서 발전해온 이중적 성격을 잘 보여준다.

3-8 방송문화와 민방의 최근 경향

3-8-1 디지털 전환과 방송 환경의 변화

21세기 들어 방송환경은 디지털 전환을 맞이하며 급격히 변화하였다. 아날로그 방송에서 디지털 지상파 방송으로의 전환은 화질과 음질을 개선했을 뿐 아니라, 다채널화와 데이터 방송을 가능하게 하였다. 민방은 이러한 변화 속에서 새로운 편성 전략을 모색하며, 디지털 기술을 활용한 양방향 서비스와 인터넷 연계 프로그램을 확대하였다. 방송과 통신의 융합은 시청자에게 다양한 선택권을 제공하였고, 민방은 이를 통해 새로운 광고 모델과 시청자 참여 방식을 개발하였다.

3-8-2 시청률 경쟁과 프로그램 다양화

민방은 여전히 광고 수입을 주요 재원으로 삼기 때문에 시청률 경쟁은 방송 운영의 핵심 요소로 남아 있다. 그러나 시청자의 미디어 소비 패턴이 변화하면서, 단순히 시청률만으로 방송의 성패를 판단하기 어려워졌다. 이에 따라 민방은 프로그램의 다양화를 통해 새로운 시청층을 확보하려 하였다. 예능과 드라마, 스포츠 중계뿐 아니라 다큐멘터리와 정보 프로그램에도 투자를 확대하며, 특정 장르에 치우치지 않는 균형 있는 편성을 시도하였다. 또한 인터넷과 연계된 실시간 투표, SNS 참여형 프로그램 등 새로운 형식의 방송을 도입하여 시청자와의 상호작용을 강화하였다.

3-8-3 글로벌화와 콘텐츠 수출

최근 민방은 일본 내 시청자뿐 아니라 해외 시장을 겨냥한 콘텐츠 제작에도 힘을 기울이고 있다. 애니메이션과 드라마는 이미 아시아와 유럽, 북미 시장에서 높은 인기를 얻고 있으며, 민방은 이를 통해 글로벌 콘텐츠 기업으로서의 위상을 강화하고 있다. 특히 TV도쿄의 애니메이션은 세계적 팬덤을 형성하며 일본 대중문화의 대표적 수출품이 되었다. 후지TV와 TBS의 드라마는 아시아 각국에서 리메이크되거나 방송되며, 일본 방송 콘텐츠가 국경을 넘어 확산되는 흐름을 보여주었다. 이러한 글로벌화는 민방이 단순히 국내 시청률 경쟁을 넘어 국제적 문화산업의 일원으로 자리매김하는 계기가 되었다.

3-8-4 OTT와 새로운 경쟁 구도

넷플릭스와 아마존 프라임, 디즈니+ 등 글로벌 OTT 플랫폼의 확산은 민방에게 새로운 도전 과제가 되었다. 시청자들은 더 이상 지상파 방송에만 의존하지 않고, 원하는 시간에 원하는 콘텐츠를 선택할 수 있게 되었다. 이에 따라 민방은 자체 OTT 서비스와 인터넷 동영상 플랫폼을 강화하며 대응하고 있다. 예를 들어 TBS와 후지TV는 자사 드라마와 예능을 온라인으로 제공하는 서비스를 확대하였고, 니혼TV는 Hulu Japan을 운영하며 글로벌 OTT와 경쟁하고 있다. 이러한 변화는 방송문화가 더 이상 지상파 중심으로만 설명될 수 없음을 보여주며, 민방이 새로운 경쟁 구도 속에서 생존 전략을 모색하고 있음을 드러낸다.

✔ 제3장 핵심정리

- 라디오의 출발: 1925년 도쿄방송국 개시, 실시간성과 동시청취성으로 국민적 경험 공유
- 라디오의 확산: 1930년대 가정 보급, 라디오 드라마·스포츠 중계로 생활문화 변화
- 전시기의 라디오: 국가 선전·국민 동원 도구, 공습·재난 정보 전달 창구로 활용
- 전후 라디오: 공영 NHK와 민영방송 병존, 민주화·공공성 회복, 지역문화 확산
- 영화의 도입: 1897년 최초 상영, 1903년 아사쿠사 전기관 개관으로 상설 영화관 등장
- 일본 영화의 발전: 시대극·멜로드라마·코미디 등 독자적 장르 형성, 대중문화 반영
- 영화와 도시문화: 영화관이 도시 오락 공간으로 자리, 모보·모가 세대의 서구문화 수용
- 전시기의 영화: 국가 선전 도구로 활용, 국민 전쟁 체제 결속
- 전후 영화: 오즈·구로사와·미조구치 등 거장들의 작품, 세계적 인정
- 방송제도: 공영 NHK와 민영방송의 이원체제, 방송법·전파법 제정으로 민주적 운영 보장
- NHK: 수신료 기반 운영, 뉴스·교양·드라마·다큐멘터리 균형 편성, 국민적 신뢰 확보
- 민방: 광고 기반, 오락성과 상업성 강조, 버라이어티·드라마·스포츠 중심
- 방송 편성: NHK는 공공성·교육성, 민방은 시청률·광고 중심, 생활 리듬 반영
- 고시청률 프로그램: NHK '홍백가합전', 드라마 '오싱', 후지TV 트렌디 드라마 등 국민적 이벤트 형성
- 민방 채널별 특성: 니혼TV(뉴스·버라이어티), TBS(드라마·뉴스), 후지TV(트렌디 드라마), TV아사히(뉴스·영화), TV도쿄(경제·여행·애니메이션)
- 대표 프로그램: '전파소년', '세상살이 원수천지', '뉴스 스테이션', '포켓몬스터' 등 대중문화 주도

- 최근 경향: 디지털 전환, 프로그램 다양화, 글로벌 콘텐츠 수출, OTT 확산으로 새로운 경쟁 구도

☑ 교실활동 코너

1. 팀별 주제 배정: 라디오, 영화, NHK, 민영방송, OTT·디지털 미디어 중 하나를 맡아 발전 과정과 사회·문화적 영향을 정리해보자.
2. 발표 준비: 각 매체의 역사적 전개(출발–전시기–전후–현대)와 사회적 역할·문화적 의미를 중심으로 발표 자료를 만들어보자.
3. 토론 활동: 발표 후 토론을 통해 각 매체가 일본 사회의 근대화·민주화·대중문화 형성에 어떻게 기여했는지 비교·분석해보자.
4. 심화 활동: OTT와 디지털 미디어 확산이 기존 방송문화와 어떤 차이를 만들었는지, 앞으로 대중매체가 사회에 미칠 영향을 예측해보자.
5. 결과 공유: 토의 내용을 바탕으로 '일본 대중매체의 발전과 문화적 영향'이라는 주제로 팀별 요약문을 작성해보자.

문화 키워드 해설

- 문명개화(文明開化): 메이지 정부가 내세운 근대화 슬로건으로, 서구 문명을 적극적으로 수용하여 일본 사회를 근대적 국민국가로 전환하려는 정책적 기조를 의미한다.
- 아사쿠사 전기관(浅草電気館): 1903년 도쿄 아사쿠사에 개관한 일본 최초의 상설 영화관으로, 영화가 대중 오락으로 자리 잡는 계기를 마련하였다. 도시 대중문화의 중심지로서 영화관 문화의 출발점을 상징한다.
- 라디오 드라마(ラジオドラマ): 1930년대 라디오 방송에서 등장한 새로운 오락 장르로, 가정과 지역 공동체에서 대중적 인기를 끌며 라디오의 문화적 영향력을 확대하였다.
- 홍백가합전(紅白歌合戦): NHK가 매년 연말에 방송하는 국민적 음악 프로그램으로, 세대와 지역을 넘어 국민이 함께 시청하는 대표적 이벤트로 자리 잡았다.

- 오싱(おしん): 1983년 NHK가 제작한 드라마로, 일본 방송사상 최고 시청률을 기록하며 국민적 공감대를 형성한 작품. 전후 일본 사회의 기억과 정체성을 반영하였다.

- 트렌디 드라마(トレンディドラマ): 1980년대 후지TV가 제작한 드라마 장르로, 도시 젊은 세대의 소비문화와 라이프스타일을 반영하며 대중문화의 흐름을 주도하였다.
- 시대극(時代劇): 일본 영화의 대표 장르로, 사무라이와 무사도의 미학을 담아내며 대중문화와 역사적 정체성을 형성하였다.
- 모보·모가(モボ·モガ): 1920~30년대 도시 젊은 세대의 라이프스타일을 상징하는 용어로, 서구 패션과 생활양식을 적극적으로 수용한 '모던 보이'와 '모던 걸'을 의미한다.
- 가정 삼종전기(家庭三種電器): 전후 일본 가정의 근대화와 소비문화 확산을 상징하는 세 가지 가전제품(텔레비전, 냉장고, 세탁기)을 가리킨다. 생활수준 향상과 방송문화의 확산을 보여주는 키워드이다.
- 키국(キー局): 도쿄를 방송권역으로 하는 민방 중심 방송국으로, 전국 네트워크를 통해 프로그램을 공급하며 일본 방송산업의 구조적 특징을 형성하였다.
- OTT(Over The Top): 넷플릭스·아마존 프라임·Hulu Japan 등 인터넷 기반 영상 플랫폼으로, 지상파 중심의 방송문화에 새로운 경쟁 구도를 형성하였다.

제4장

버라이어티 프로그램과 문화산업

제4장 버라이어티 프로그램과 문화산업

4-1 일본 버라이어티 프로그램의 특징과 주요 용어

일본의 버라이어티 프로그램은 단순한 오락을 넘어 사회적 소통의 장으로 기능해왔다. '버라이어티'라는 용어 자체가 콩트, 코미디, 음악, 토크 등 다양한 요소를 결합한 종합 엔터테인먼트를 의미한다. 패전 직후 GHQ의 점령 정책은 '언론의 자유'와 '민주화'를 강조했는데, 이 과정에서 시민 참여형 프로그램이 다수 제작되었다. 대표적으로 『거리에서(街頭にて, 1945~1958)』는 거리의 시민을 인터뷰하는 형식으로, 청취자가 직접 목소리를 내는 새로운 방송 문화를 열었다. 이는 일본 방송사에서 '참여형 프로그램'이라는 새로운 장르를 정착시키는 계기가 되었다.

이러한 참여형 전통은 사실 에도시대부터 이어진 서민 예능에서 기원을 찾을 수 있다. 라쿠고(落語)는 이야기꾼이 청중과 직접 호흡하며 웃음을 이끌어내는 형식이고, 강담(講談)은 역사적 사건이나 영웅담을 구연하는 장르였다. 만자이(漫才)는 '보케(ボケ)'와 '츳코미(ツッコミ)'라는 역할 분담을 통해 대화식 개그를 완성했고, 나니와부시(浪花節)는 서민적 정서를 담은 노래와 이야기로 인기를 끌었다. 이러한 전통은 관객과 소통하는 공간인 '요세(寄席)'에서 발전했으며, 이후 라디오와 TV 버라이어티로 계승되었다.

특히 NHK의 『홍백가합전(紅白歌合戦)』은 1951년 라디오 특별기획으로 시작해 1953년부터 TV로 방송되며 국민적 연말 이벤트로 자리 잡았다. 『노래자랑(のど自慢)』 역시 라디오에서 출발해 TV로 이어진 대표적 참여형 프로그램이다. 이처럼 일본 버라이어티는 단순 오락을 넘어 국민적 의례와 문화적 기억을 형성하는 데 기여했다.

4-2 일본 버라이어티의 시대별 전개

4-2-1 1950~60년대: 전후 민주주의와 미국의 영향

패전 직후 일본 사회는 민주주의와 자유를 강조하는 분위기 속에서 새로운 방송 문화를 모색했다. 이 시기 버라이어티 프로그램은 미국식 엔터테인먼트의 영향을 강하게 받았다. 대표적으로 프로레슬링은 역도산을 중심으로 국민적 영웅을 만들어내며 내셔널리즘을 고양했다. 당시 프로레슬링은 단순한 오락이 아니라 '스포츠'로 인식되었고, 승패를 가리는 긴장감이 대중을 사로잡았다. 이는 전후 일본인들에게 "패전 이후에도 강인한 일본인"이라는 상징을 제공했다.

퀴즈 프로그램 역시 큰 인기를 끌었다. NHK의 『제스처(ジェスチャー)』는 시청자가 투고한 문제를 몸짓으로 표현해 맞추는 형식으로 진행되었다. 예를 들어 "외국인 관광객에게 프로포즈를 받아 당황해 하며 거절하는 버스 안내양" 같은 상황을 몸짓으로만 표현하는 방식은 단순한 오락을 넘어 시청자의 상상력과 참여를 자극했다. 이러한 프로그램은 오락성과 참여성을 동시에 보여주며, 일본 버라이어티가 단순히 웃음을 주는 장르가 아니라 사회적 소통의 장으로 발전할 수 있음을 보여주었다.

4-2-2 1970년대: 일본식 예능의 탄생

1970년대는 일본식 예능이 본격적으로 자리 잡은 시기였다. 방송사들은 미국식 각본 중심의 엔터테인먼트를 도입해 프로그램의 완성도를 높였다. 동시에 시민 참여형 다큐멘터리식 예능이 유행했다. 1972년 아사마 산장 사건 이후 사회적 긴장과 불안이 커지면서, 일반 시민의 반응을 그대로 담아내는 프로그램이 인기를 끌었다. 『긴짱의 마음껏 가봅시다!(欽ちゃんのドンとやってみよう！)』는 시민들의 일상적 반응을 방송에 담아내며 높은 시청률을 기록했다.

또한 『8시야! 전원집합(8時だョ！全員集合)』은 음악과 콩트를 결합한 정밀한 대본으로 50%가 넘는 시청률을 기록하며 국민적 프로그램으로 자리 잡았다. 이 프로그램은 단순한 웃음을 넘어 가족 단위 시청자들이 함께 즐길 수 있는 '국민적 이벤트'로 기능했다. 1970년대 후반에는 만자이 인기가 높아지면서 『THE MANZAI』 같은 프로그램이 등장했고, 간사이지방에서 활동하던 만자이사들이 도쿄로 진출하며 전국적 인기를 얻었다. 이 시기 일본 버라이어티는 "각본의 정밀함"과 "시민 참여"라는 두 축을 동시에 발전시켰다.

4-2-3 1980년대: 성숙과 다양화

1980년대는 일본 버라이어티 프로그램이 성숙기에 접어들며 장르가 다양화된 시기였다. 버블경제의 호황은 소비문화 전반을 풍요롭

게 만들었고, 방송사들은 대중의 다양한 기호를 반영하기 위해 프로그램을 세분화했다. 만자이 붐이 한 차례 수그러든 이후, 예능인들은 단순히 만자이사로 머무르지 않고 사회자, 퀴즈 프로그램 출연자, 액션 예능인 등으로 활동 영역을 넓혔다. 이들을 '오와라이 탤런트(お笑いタレント)'라고 부르며, 개그와 사회적 진행을 결합한 새로운 방송인상이 형성되었다.

대표적으로 비트 타케시(ビートたけし), 아카시야 산마(明石家さんま), 시마다 신스케(島田紳助) 등이 활약했다. 『우리들 익살꾼들(オレたちひょうきん族)』은 평균 시청률 18%를 기록하며 새로운 스타일을 선보였다. 이 프로그램은 기존의 만자이 틀을 벗어나 젊은 층을 타깃으로 한 자유로운 개그를 선보였고, 시청자와의 상호작용을 강조했다. 버블경제의 소비 패턴 변화—즉, "자신이 원하는 것만을 선택하는" 소비 성향—은 대중 기호의 다양화를 촉진했고, 방송사들은 이를 반영해 프로그램을 다채롭게 구성했다.

또한 이 시기에는 아이돌 가수 육성 프로덕션이 성장하며 음악 프로그램이 급증했다. 경제 호황을 바탕으로 아이돌 그룹은 방송을 통해 대중적 인기를 얻었고, 버라이어티와 음악이 결합된 새로운 장르가 탄생했다. 그러나 1990년대에 들어서 버블경제가 붕괴하면서 음악 프로그램 제작 부담과 음반 매출 하락으로 프로그램 수가 감소하게 된다.

4-2-4 1990년대: 세대 교체와 과격화

1990년대는 일본 버라이어티가 새로운 세대의 등장과 과격한 기획으로 특징지어진다. 오와라이 BIG3(비트 타케시, 아카시야 산마, 타

모리)의 영향력이 약화되면서 다운타운(ダウンタウン), 웃짱난짱(ウッチャンナンチャン) 등 3세대 콤비가 부상했다. 다운타운은 기존의 다큐멘터리식 예능을 거부하고 콩트 중심의 활동을 펼쳤으며, 젊은 층 중에서도 자신들의 개그 코드를 이해하는 시청자를 타깃으로 삼았다.

이 시기 대표 프로그램인 『전파소년(進め！電波少年)』은 과격한 기획으로 화제를 모았다. 출연자가 극한 상황에 도전하거나 사회적 금기를 건드리는 방식은 시청률을 높였지만, 동시에 사회적 논란을 불러일으켰다. 자막 방송의 효시로 평가되며, 시청자에게 강렬한 시각적 경험을 제공했다. 이러한 과격화는 일본 버라이어티가 단순한 웃음을 넘어 사회적 담론을 형성하는 장르로 발전했음을 보여준다.

또한 아이돌 그룹 SMAP은 『SMAP×SMAP』을 통해 예능과 아이돌 문화를 결합하며 국민적 인기를 얻었다. SMAP은 노래, 토크, 콩트, 요리 등 다양한 코너를 통해 아이돌이 단순히 음악 활동을 넘어 예능인으로도 활약할 수 있음을 보여주었다. 이는 이후 아이돌 그룹들이 버라이어티에 적극적으로 진출하는 계기가 되었다.

4-2-5 2000년대 이후: 경쟁과 글로벌화

2000년대에 들어서면서 일본 버라이어티 프로그램은 새로운 국면을 맞이했다. 가장 큰 특징은 오와라이 탤런트의 공급과잉이다. 1980~90년대에 형성된 예능인 시스템이 대규모로 확대되면서, 수많은 신인 개그 콤비와 예능인이 방송에 진출했다. 이 과정에서 요시모토흥업 같은 대형 프로덕션은 신인 발굴과 육성에 적극적으로 나섰

고,『M-1 그랑프리(M-1グランプリ)』 같은 경연 프로그램을 통해 새로운 세대의 만자이 콤비를 배출했다. 이 대회는 매년 수많은 예능인들이 참가해 실력을 겨루는 장으로, 오와라이 5세대의 탄생을 이끌었다.

이 시기 버라이어티는 장르의 세분화와 포맷의 다양화가 두드러졌다. 단순한 콩트나 토크쇼를 넘어, 퀴즈·게임·리얼리티·요리·여행 등 다양한 주제를 결합한 프로그램이 등장했다. 예능인은 단순히 웃음을 주는 역할을 넘어, 사회적 이슈를 다루거나 시청자와 직접 소통하는 역할을 맡았다. 예를 들어, 생활정보와 개그를 결합한 프로그램은 시청자에게 실용성과 오락성을 동시에 제공했다.

또한 아이돌과 버라이어티의 결합은 더욱 강화되었다. SMAP이 『SMAP×SMAP』을 통해 예능과 음악을 결합한 성공 사례를 보여주자, 이후 아라시(嵐), 캇툰(KAT-TUN), AKB48 등 다양한 아이돌 그룹이 버라이어티에 적극적으로 진출했다. 이들은 단순히 노래와 춤을 선보이는 데 그치지 않고, 토크·게임·리얼리티 코너에 참여하며 예능인으로서의 정체성을 확립했다. 이는 일본 버라이어티가 아이돌 산업과 긴밀히 연결되어 있음을 보여준다.

2000년대 이후 일본 버라이어티는 글로벌화의 흐름 속에서도 변화를 겪었다. 애니메이션과 드라마에 비해 버라이어티의 해외 수출 비중은 낮았지만,『홍백가합전』에 K-POP 스타들이 출연하는 등 한류와의 교차점에서 새로운 국제적 의미를 획득했다. 특히 2020년대에 들어서면서 일본 MZ세대는 한국 예능과 K-POP에 큰 관심을 보이며, 일본 버라이어티가 자국 내 경쟁뿐 아니라 국제적 경쟁 속에 놓이게 되었다.

최근에는 OTT 플랫폼과 유튜브 같은 디지털 매체가 버라이어티의 새로운 무대가 되고 있다. 전통적인 TV 중심의 버라이어티는 시청률 하락을 겪고 있지만, 온라인 플랫폼에서는 짧은 클립과 하이라이트 영상이 젊은 세대에게 소비되고 있다. 이는 일본 버라이어티가 글로벌 콘텐츠 시장 속에서 새로운 생존 전략을 모색하고 있음을 보여준다.

4-3 대표 프로그램 분석

4-3-1 홍백가합전: 국민적 의례로 확립된 연말 버라이어티

매년 연말 방영되는 『홍백가합전』은 '남녀 가수팀의 대항전'이라는 직관적인 문법을 활용해, 파편화된 세대와 지역을 하나의 시청 공동체로 묶어내는 사회적 장치 역할을 해왔다. 이 프로그램의 정례화된 방송은 단순히 '한 해의 마무리'라는 시점적 의미를 넘어, 온 국민의 시청 경험과 정서적 공명을 하나의 선율로 형상화함으로써 방송 매체가 일상의 시간대와 국가적 의례를 결합시키는 방식을 제도적으로 안착시켰다.

산업적 측면에서는 NHK라는 공영방송의 제작 인프라와 민간 음악 산업의 스타 시스템을 유기적으로 결합하였다. 이를 통해 상업적 광고나 협찬의 논리에서 비껴난 독자적인 '공적 권위'를 유지하면서도, 대중성을 놓치지 않는 절묘한 균형점을 확보했다. 특히 압도적인 무대 연출과 실시간 중계 기술의 고도화는 일본 방송 제작 생태계 전반을 견인하는 훈련장 역할을 수행했으며, 연말 시간대의 고정된 편성은 일본 방송계 시청률 경쟁의 절대적인 준거점이 되었다.

사회문화적 차원에서 『홍백가합전』은 가족 단위의 동시 시청을 유도하고, 시대별 아티스트에 대한 정서적 투영과 국가적 대소사의 기억을 프로그램 서사 안에 녹여내며 '문화적 연대'의 상징으로 기능했다. 최근 들어 두드러진 해외 아티스트의 적극적인 영입은, 일본의 버라이어티가 자국 중심의 민족주의적 경계를 넘어 글로벌 대중음악의 허브이자 문화 교류의 플랫폼으로 진화하고 있음을 실증한다.

4-3-2 8시야! 전원집합: 음악+콩트의 정교한 결합과 국민적 이벤트

음악과 코미디를 무대 전환, 타이밍, 기계적 장치와 유기적으로 엮어낸 이 프로그램의 구성은 현대 일본 예능 미학의 표준을 정립했다. 특히 생방송 특유의 긴장감 속에서 거대한 세트 기믹(gimmick)을 활용한 물리적 코미디는 시청자들에게 압도적인 '현장성'을 전달하며, 세대를 초월한 집단적 몰입을 이끌어내는 데 성공했다.

제작 프로세스 관점에서는 철저한 대본 중심 시스템과 고강도의 리허설 공정을 통해 출연진과 스태프, 무대 기술진 간의 고도화된 협업 루틴을 구축했다. 이러한 제작 역량은 토요일 황금시간대(Golden Time) 편성이라는 미디어 전략과 맞물려 광고 및 스폰서의 마케팅 가치를 극대화했다. 나아가 지역 이벤트 및 교육 현장과의 연계는 방송 콘텐츠가 안방을 넘어 오프라인 생활권으로 확장되는 촉매제가 되었다.

사회문화적으로 이 프로그램은 온 가족이 공유하는 공통의 레퍼

토리를 제공함으로써 세대 간 대화의 접점을 넓히는 역할을 수행했다. 아울러 음악과 개그라는 이질적 장르의 결합은 고착화된 장르의 경계를 허물었으며, 이는 이후 일본 버라이어티 포맷이 지향하게 될 '장르의 혼종화'와 '복합 구성'의 선구적 모델이 되었다.

4-3-3 우리들 익살꾼들: 자유분방한 개그와 세대 교체의 드라이브

전통 만자이의 틀을 벗어난 패러디·풍자·캐릭터 코미디는 '젊은 감각'의 방송 어법을 확립했다. 분절된 스케치와 빠른 템포, 당대 유행을 즉시 흡수하는 유연성은 시청자 참여를 암묵적으로 요청하는 '해석의 놀이'를 형성했다.

산업적으로는 스타 코미디언 시스템을 강화하고 MC·게스트·코너 제작의 모듈형 운영을 일반화했다. 이는 캐스팅·편성·스핀오프의 민첩성을 높여 방송사 간 경쟁의 기본 무기가 되었다.

사회문화적으로 풍자와 패러디는 권위에 대한 거리두기와 자율적 해석의 문화를 확산시켰다. 이는 버블 경제기의 소비자 주체성과 맞물려 "내 취향을 선택한다"는 시청자 정체성을 공고히 했다.

4-3-4 전파소년: 파격적 기획의 명암과 논쟁적 실험

극한의 도전과 사회적 금기를 넘나드는 파격적인 기획은 폭발적인 시청률을 견인했으나, 동시에 인권 보호와 안전 관리, 재현의 윤리라는 심각한 과제를 남겼다. 특히 자막과 시각 효과를 과감하게 도입한 편집 기법은 정보 전달의 효율성과 유머의 속도감을 극대화하며, 이후 현대 예능의 핵심인 '텍스트-영상 융합 문법'을 선구적으로 정립했다.

제작 및 유통 측면에서 리얼리티 요소의 전면적인 도입은 저비용으로 고효율의 화제성을 창출하는 성과를 거두었으나, 그 이면에서는 법적·사회적 리스크에 대한 선제적 관리가 제작 시스템의 필수불가결한 상설 기제로 편입되는 결과를 낳았다. 이는 방송사가 포맷의 혁신성과 공적 규제의 준수 사이에서 정교한 균형점을 모색하게 만드는 결정적 계기가 되었다.

사회문화적 차원에서 이 프로그램이 불러일으킨 논란은 단순히 부정적 여론에 머물지 않고, '방송의 윤리적 경계'와 '재현의 책임성'에 대한 광범위한 공적 토론을 촉발했다. 이 과정에서 시청자는 단순히 제공된 콘텐츠를 수용하는 소비자에 그치지 않고, 방송의 선정성을 감시하고 비판하며 담론 형성에 참여하는 '능동적 주체'로 재구성되었다.

4-3-5 SMAP×SMAP: 아이돌과 예능의 통합 플랫폼

노래·토크·콩트·요리 등 다채로운 코너를 하나의 브랜드 아래 엮어낸 구조는 '아이돌=멀티 퍼포머'라는 정의를 갱신했다. 멤버 캐릭터성과 집단 역동을 코미디 문법으로 재배치해 팬덤 참여의 층위를 넓혔다.

산업적으로 음악 레이블·매니지먼트·방송 편성 간의 수평 협업을 실현하며 크로스 프로모션을 극대화했다. 프로그램 내 협업·콜라보 코너는 광고주와의 네이티브 브랜딩을 자연화해 수익 다변화를 이루었다.

사회문화적으로 아이돌을 '노래하는 연예인'에서 '생활 연출자'로 확장해 일상 언어·요리·유행 아이템을 팬 커뮤니티의 상징 자본으로 전환했다. 이후 여러 그룹이 버라이어티로 활동 영역을 넓히는 선례가 되었다.

4-3-6 M-1 그랑프리: 경연 포맷을 통한 개그 인재의 재생산과 시스템화

엄격한 심사와 토너먼트, 그리고 고도의 스토리텔링이 결합된 경연 포맷은 정적인 코미디를 '실시간으로 체감하는 스포츠'의 영역으로 격상시켰다. 예선부터 결승에 이르는 장기적인 노출 과정은 출연자의 '성장 서사'를 입체적으로 구축해냈으며, 이는 시청자들로 하여금 일회성 소비를 넘어 장기적인 정서적 몰입을 유지하게 만드는 동력이 되었다.

산업적 측면에서는 대형 프로덕션의 신인 발굴·육성 시스템과 방송사의 경연 포맷이 전략적으로 정합을 이루며, 개그 인재 공급망(Talent Supply Chain)을 안정화하는 구조적 성과를 거두었다. 아울러 시즌제 운영과 아카이브 자산화, 짧은 클립 형태의 디지털 유통 전략은 온라인 플랫폼과의 강력한 시너지를 창출했으며, 이는 신인 아티스트들에게 대중과의 다각적인 접점을 제공하는 결과로 이어졌다.

사회문화적 차원에서『M-1 그랑프리』는 실력 중심주의와 공정성, 그리고 비평적 논쟁이 교차하는 공개적 담론의 장을 활성화했다. 이 과정에서 개그에 대한 대중적 취향의 지형도는 선명하게 시각화되었으며, 이는 버라이어티 콘텐츠가 단순한 오락 소비의 대상을 넘어 평가와 토론, 그리고 팬덤 커뮤니티를 결속시키는 강력한 사회적 플랫폼으로 기능할 수 있음을 입증했다.

4-3-7 쇼텐: 전통 예능의 현대적 변용과 장수 포맷의 저력

전통 예능인 라쿠고(落語)의 문법에 퀴즈와 즉흥 개그를 결합한 『쇼텐』은, 고전 공연이 지닌 특유의 여백과 호흡, 타이밍의 미학을 TV 대중 매체에 맞게 성공적으로 이식했다. 오랜 시간 유지되어 온 고정 패널 시스템과 좌담형 진행, 그리고 객석과의 호흡이 만들어내는 특유의 리듬감은 시청자들에게 '안정적인 익숙함'을 제공하는 동시에, 매회 미세한 변주를 더하며 세대를 아우르는 생명력을 확보했다.

제작 측면에서는 효율적인 저비용 구조와 검증된 포맷의 지속성을 바탕으로 반세기 넘는 장기 편성을 실현하며, 방송사 편성 전략의 '심리적·경제적 버팀목' 역할을 수행해 왔다. 특히 전국 각지를 순회하는 로컬 이벤트와의 긴밀한 연계는 지역 커뮤니티를 시청의 주체로 끌어들임으로써, 지상파 방송이 지향해야 할 사회적 소통의 기능을 강화하는 결과로 이어졌다.

문화적으로 『쇼텐』은 박제된 전통을 현대적 맥락으로 소환하여 '과거의 감각'을 '현재의 놀이'로 재해석해낸 탁월한 사례이다. 이는 일본의 버라이어티가 단순히 새로운 것만을 좇는 것이 아니라, 전통과 현대, 로컬과 메이저라는 상반된 가치를 유연하게 횡단하는 혼종적 미학을 내재하고 있음을 여실히 입증한다.

✔ 제4장 핵심정리

4-1 일본 버라이어티 프로그램의 특징

- 에도시대 서민 예능(라쿠고·만자이·요세) → 라디오·TV로 계승
- 콩트·코미디·음악·토크 결합한 종합 엔터테인먼트
- 『홍백가합전』·『노래자랑』 = 국민적 의례, 사회적 소통 매체

4-2 시대별 전개

- 1950~60년대: 프로레슬링(역도산)·퀴즈 『제스처』 → 전후 민주주의·참여형 방송
- 1970년대: 『긴짱의 마음껏 가봅시다!』·『8시야! 전원집합』 → 시민 참여·음악+콩트, 만자이 붐
- 1980년대: 버블경제, 오와라이 2세대(비트 타케시·산마 등), 아이돌 음악 프로그램 급증
- 1990년대: 다운타운·웃짱난짱 부상, 『전파소년』 논란, SMAP×SMAP → 아이돌+예능 결합
- 2000년대 이후: 『M-1 그랑프리』 신인 만자이 배출, 오와라이 5세대, 아이돌·K-POP 교차, OTT·유튜브 확산

☑ 교실활동 코너

1. 시대별 조사·발표: 팀별로 1950년대~2000년대 이후 대표 버라이어티 프로그램을 조사하고, 역사적 배경·사회적 의미·문화산업적 영향을 정리해 발표해보자.
2. 비교 토론: 일본 버라이어티와 한국 예능을 비교하여 각본 중심성과 콤비 개그 전통 vs 리얼리티·즉흥성의 차이를 논의해보자.
3. 창의적 기획 활동: 시대별 특징을 반영한 모의 버라이어티 프로그램을 기획해 발표해보자.

문화 키워드 해설

- 버라이어티 프로그램(バラエティ番組): 콩트·코미디·음악·토크 등 다양한 오락 요소를 결합한 종합 엔터테인먼트 방송. 일본 방송문화의 핵심 장르로 국민적 참여와 소통을 강조한다.
- 홍백가합전(紅白歌合戦): NHK가 매년 연말 방송하는 국민적 음악 버라이어티. 남녀 가수팀이 대결하는 형식으로 국민적 의례로 자리 잡았다.
- 오와라이 탤런트(お笑いタレント): 개그·예능을 전문으로 하는 방송인. 세대별 교체가 특징이며, 사회자·토크쇼 진행자로 활동 영역을 넓혔다.
- 요세(寄席): 라쿠고·만자이 등 전통 예능 공연장. 관객과 직접 소통하는 문화적 공간으로, 현대 버라이어티의 뿌리.
- 전파소년(進め! 電波少年): 1990년대 니혼TV의 과격한 기획 버라이어티. 자막 방송의 효시로 평가되며 사회적 논란을 불러일으켰다.
- M-1 그랑프리(M-1グランプリ): 신인 만자이 콤비 경연 프로그램. 오와라이 5세대를 배출하며 예능계의 등용문으로 자리 잡았다.
- SMAP×SMAP: 아이돌 그룹 SMAP이 진행한 국민적 버라이어티. 노래·토크·콩트·요리 등 다양한 코너를 통해 아이돌과 예능 결합의 상징이 되었다.
- 쇼텐(笑点): 1966년부터 방송된 장수 버라이어티 프로그램. 라쿠고 형식을 응용해 퀴즈와 개그를 결합한 국민적 프로그램으로, 일본 예능의 전통을 현대적으로 계승했다.

제5장

만화 산업과 서브컬처의 주류화

제5장 만화 산업과 서브컬처의 주류화

5-1 일본 만화 산업의 형성과 시장 구조

5-1-1 역사적 배경

일본 만화(망가)는 전후 사회의 혼란 속에서 대중에게 위로와 오락을 제공하는 매체로 자리 잡았다. 1950~60년대에 들어서면서 잡지 연재를 중심으로 한 출판 구조가 본격적으로 확립되었는데, 『소년매거진』과 『소년점프』 같은 주간지는 전국적으로 수백만 부가 발행되며 대량 소비 체제를 만들어냈다. 이러한 시스템은 단순히 작품을 공급하는 데 그치지 않고, 독자의 투고와 설문을 적극 반영하여 새로운 작가와 작품을 발굴하는 장으로 기능하였다. 즉, 만화는 독자와 창작자가 끊임없이 상호작용하는 참여형 문화 시장을 형성한 것이다.

출판사와 편집부를 중심으로 한 제작 시스템은 일본 만화 산업의 순환 구조를 확립하였다. 작가가 발굴되면 잡지에 연재를 시작하고, 일정한 인기를 확보하면 단행본으로 출간되며, 이후 애니메이션화나 영화화로 이어지는 산업적 확장 과정을 밟았다. 이 과정은 단순히 출판업에 국한되지 않고, 방송·영화·게임·캐릭터 상품으로까지 연결되면서 미디어 믹스(Media Mix) 전략의 토대를 마련하였다. 예컨대 『철완 아톰』은 만화 연재에서 출발해 애니메이션·완구·영화로 이어지며 일본 대중문화 산업의 확장 가능성을 보여준 대표적 사례였다.

또한 만화 산업의 성장은 일본 사회의 구조적 변화와도 밀접하게 연관되어 있었다. 고도성장기에 도시로 몰려든 청소년과 노동자들은 값싸고 쉽게 소비할 수 있는 오락을 필요로 했고, 만화는 이러한 수요를 충족시켰다. 학교·직장·가정에서의 긴장과 압박 속에서 만화는 탈출구이자 상상력의 공간을 제공했으며, 이는 일본 사회의 집단적 정체성을 형성하는 데 기여했다. 동시에 만화는 교육적·사회적 메시지를 담아내기도 했다. 예를 들어 스포츠 만화는 청소년에게 근면·협동·승부 정신을 강조했고, SF 만화는 과학기술 낙관주의와 미래 사회에 대한 비전을 제시했다.

산업적 측면에서 보면, 만화는 출판업계의 핵심 수익원이자 일본 콘텐츠 산업의 기초 자산으로 발전하였다. 1970년대 이후 만화 단행본은 서점뿐 아니라 편의점에서도 판매되며 유통망을 전국적으로 확대했고, 이는 일본 만화가 일상적 소비재로 자리 잡는 계기가 되었다. 나아가 해외 번역 출판과 수출을 통해 글로벌 시장에서도 영향력을 확대하며, 일본 대중문화가 세계로 확산되는 첫 번째 발판이 되었다.

결국 일본 만화는 전후 사회의 오락물에서 출발해, 출판·방송·영화·게임을 아우르는 복합 산업으로 성장하였다. 이는 단순한 문화 현상을 넘어 일본 사회의 가치관과 생활 방식을 반영하는 텍스트이자, 글로벌 문화산업의 핵심 축으로 자리매김한 것이다.

5-1-2 시장 구조와 특징

일본 만화 산업은 잡지 연재를 중심으로 한 독특한 시장 구조를 발전시켜 왔다. 주간지와 월간지에 실린 작품은 독자의 반응을 통해 인기를 검증받고, 일정한 성과를 거두면 단행본으로 출간되는 과정을 밟는다. 이러한 구조는 단순히 출판물의 판매에 그치지 않고, 애니메이션이나 영화로의 확장으로 이어지며 하나의 작품이 다양한 매체에서 소비될 수 있는 기반을 마련하였다.

또한 일본 만화 시장은 독자층을 세분화하여 소년·소녀·청년·성인 등 연령과 성별에 따라 다양한 잡지를 발행하였다. 이로 인해 독자는 자신의 관심사와 연령대에 맞는 작품을 선택할 수 있었고, 출판사는 특정 독자층을 겨냥한 전략을 통해 안정적인 시장을 확보할 수 있었다. 이러한 세분화는 일본 만화가 특정 계층의 오락을 넘어 사회 전반에 걸쳐 폭넓게 소비되는 계기를 제공하였다.

유통망의 발달 역시 만화 산업의 성장을 뒷받침하였다. 서점뿐 아니라 편의점과 대형 마트에서도 손쉽게 만화를 구입할 수 있었으며, 이후에는 온라인 플랫폼을 통한 디지털 유통이 확산되면서 독자의 접근성이 크게 향상되었다. 이러한 유통 구조는 만화를 일상적 소비재로 자리매김하게 했고, 일본 사회에서 만화가 생활 속에 깊숙이 스며드는 결과를 낳았다.

경제적 측면에서 일본 만화 산업은 출판업계의 핵심 수익원으로 자리 잡았다. 수많은 잡지와 단행본이 발행되며 시장 규모는 수조 엔에 달했고, 해외 번역 출판과 수출을 통해 글로벌 시장에서도 영향력을 확대하였다. 특히 인기 작품은 애니메이션·게임·캐릭터 상품으로 이어지며 막대한 부가가치를 창출하였고, 이는 일본 대중문화가 세계로 확산되는 중요한 발판이 되었다.

결국 일본 만화 산업의 시장 구조는 잡지 연재와 단행본 판매, 독자층 세분화, 전국적 유통망, 그리고 다른 매체로의 확장을 통해 형성된 복합적 체계라 할 수 있다. 이러한 구조 덕분에 만화는 단순한 출판물이 아니라 일본 사회와 세계 시장에서 중요한 문화적·산업적 자산으로 자리매김하게 되었다.

5-2 서브컬처의 주류화와 사회적 의미

일본 만화는 처음에는 청소년을 위한 오락물로 자리 잡았지만, 1970년대 이후 독자층이 성인으로까지 확대되면서 사회 전반에 영향을 미치게 되었다. 『드래곤볼』이나 『슬램덩크』, 『원피스』와 같은 작품들은 단순한 흥미를 넘어서 세대 간 공통 언어로 기능하며, 일본 사회 전체가 공유하는 문화 코드로 발전하였다. 이 과정에서 만화는 더 이상 특정 계층의 취향에 머무르지 않고, 일본인의 일상과 가치관을 반영하는 주류 문화로 자리매김하였다.

청소년 독자층을 중심으로 성장한 만화는 점차 성인 독자층을 끌어들이면서 장르의 폭을 넓혔다. 스포츠·학원·추리·판타지·SF 등 다양한 장르가 등장하여 독자의 관심을 충족시켰고, 작품 속 이야기는 현실 사회의 문제와 이상을 반영하는 장으로 발전하였다. 예를 들어 스포츠 만화는 협동과 노력의 가치를 강조했고, SF 만화는 과학기술과 미래 사회에 대한 상상력을 자극하였다. 이러한 장르적 확장은 만화가 단순한 오락을 넘어 사회적 경험을 공유하는 매체로 기능하게 했다.

1980년대 이후 만화는 잡지 연재와 단행본 판매를 넘어 애니메이션·영화·게임으로 이어지며 대중문화의 중심에 서게 되었다. 작품이 다른 매체로 확장되면서 독자층은 더욱 넓어졌고, 만화는 일본 사회에서 가장 친숙한 문화적 텍스트로 자리 잡았다. 학교와 직장, 가정에서의 일상적 대화 속에서 만화는 자연스럽게 언급되며 세대 간 소통을 가능하게 하는 매개체로 작용하였다. 결국 일본 만화는 청소년의 하위문화에서 출발했지만, 세대와 계층을 넘어 사회 전체가 공유하는 주류 문화로 성장하게 된 것이다.

5-3 미디어 믹스 전략의 전개

일본 만화 산업은 하나의 작품을 여러 매체로 확장하는 독특한 방식을 발전시켜 왔다. 만화로 시작된 이야기가 애니메이션, 영화, 게임, 캐릭터 상품으로 이어지면서 독자는 동일한 세계를 다양한 방식으로 경험할 수 있었다. 이러한 구조는 단순히 소비를 확대하는 데 그치지 않고, 작품의 세계관을 장기간 유지하며 팬층을 결속시키는 효과를 낳았다.

1960년대 『철완 아톰』은 만화 연재에서 출발해 애니메이션과 완구로 이어지며 일본 대중문화가 새로운 산업적 가능성을 지닌다는 점을 보여주었다. 이후 『드래곤볼』과 『슬램덩크』는 잡지 연재에서 단행본으로, 다시 애니메이션과 영화로 확장되며 세대와 국경을 넘어 팬덤을 형성하였다. 특히 『포켓몬스터』는 만화·애니메이션·게임·캐릭터 상품을 아우르는 전형적인 모델로 자리 잡아, 일본 대중문화가 세계적으로 확산되는 계기를 마련했다.

이러한 흐름은 출판사와 방송사, 영화사, 게임사, 완구업체가 협력하는 구조를 만들어냈다. 하나의 작품이 다양한 상품으로 이어지면서 일본 대중문화는 경제적 가치와 국제적 영향력을 동시에 확보하게 되었고, 만화는 단순한 출판물에 머무르지 않고 생활 속에서 다양한 형태로 소비되는 문화적 텍스트로 자리매김하였다.

결국 미디어 믹스 전략은 일본 만화가 서브컬처에서 주류 문화로 성장하는 데 결정적인 역할을 했으며, 일본 대중문화가 세계 시장에서 경쟁력을 유지하는 원동력이 되었다. 학생들이 접하는 만화 속 캐릭터와 이야기는 단순한 오락을 넘어, 애니메이션·게임·영화·상품으로 이어지는 복합적 경험을 제공하며 일본 사회와 세계 문화산업의 흐름을 동시에 보여주고 있다.

5-4 사례 전개

5-4-1 『철완 아톰』: 전후 과학기술 낙관주의와 미디어 믹스의 출발

1960년대 초 데즈카 오사무가 창작한 『철완 아톰』은 일본 만화 산업이 단순한 출판물에서 복합 산업으로 확장되는 전환점을 보여준 대표작이다. 아톰은 인간과 같은 감정을 지닌 로봇으로, 과학기술을 통해 인류의 평화를 지키려는 서사를 담고 있었다. 이는 전후 일본 사회가 공유하던 과학기술 낙관주의와 평화주의를 상징적으로 구현한 캐릭터였다.

산업적 측면에서 『철완 아톰』은 만화 → 애니메이션 → 완구 → 영화로 이어지는 최초의 본격적 미디어 믹스 사례로 평가된다. 텔레비전 애니메이션으로 방영되면서 전국적인 인기를 얻었고, 캐릭터 상품과 완구 판매로 이어지며 일본 대중문화가 경제적 가치와 산업적 확장 가능성을 지닌다는 점을 입증했다.

사회적 의미로는, 아톰이라는 캐릭터가 단순한 오락물이 아니라 전후 일본인의 정체성과 가치관을 담아낸 상징적 존재였다는 점이 중요하다. 어린이와 청소년은 아톰을 통해 미래 사회에 대한 희망을 발견했고, 이는 만화가 단순한 오락을 넘어 사회적 메시지를 전달하는 매체로 기능할 수 있음을 보여주었다.

결국 『철완 아톰』은 일본 만화 산업이 출판 → 방송 → 상품화로 이어지는 순환 구조를 확립하는 데 결정적 역할을 했으며, 이후 만화 산업이 세계 시장으로 확산되는 기반을 마련한 기념비적 작품으로 자리매김하였다.

5-4-2 『도라에몽』: 일상성과 미래 기술의 결합

『도라에몽』은 1970년대 이후 일본 사회에서 가장 널리 알려진 국민적 만화로 자리매김하였다. 로봇 고양이 도라에몽과 소년 노비타의 이야기는 단순한 아동 오락을 넘어, 일상성과 미래 기술의 결합이라는 독특한 문화적 메시지를 담고 있었다. 도라에몽이 꺼내는 다양한 '미래 도구'는 어린이들에게 상상력과 호기심을 자극했으며, 동시에 과학기술이 생활 속에 스며드는 미래상을 친근하게 제시하였다.

산업적 측면에서 『도라에몽』은 잡지 연재와 단행본 판매를 넘어 애니메이션, 영화, 완구, 캐릭터 상품으로 확장되며 일본 만화 산업의 지속 가능한 수익 모델을 보여주었다. 특히 매년 개봉되는 극장판 애니메이션은 가족 단위 관객을 끌어들이며, 만화가 특정 세대에 국한되지 않고 세대 간 공유되는 문화 코드로 발전할 수 있음을 입증했다.

사회적 의미로는, 『도라에몽』이 일본인의 생활문화 속에 깊숙이 자리 잡았다는 점이 중요하다. 어린이들은 도라에몽을 통해 놀이와 상상력을 확장했고, 부모 세대는 작품 속에서 가족애와 공동체적 가치관을 확인했다. 이처럼 『도라에몽』은 단순한 아동 만화를 넘어 일상적 대화와 사회적 정체성의 일부로 기능하며, 일본 만화가 국민적 문화 자산으로 자리매김하는 과정을 잘 보여준다.

결국 『도라에몽』은 일본 만화가 일상성과 미래 지향성을 동시에 담아내는 텍스트로 발전했음을 보여주는 대표적 사례이며, 이후 만화 산업이 가족 단위 소비와 글로벌 시장으로 확장되는 기반을 마련하는 데 중요한 역할을 했다.

5-4-3 『드래곤볼』: 글로벌 팬덤과 보편적 서사의 힘

1980년대 후반에 연재가 시작된 『드래곤볼』은 일본 만화가 국내를 넘어 세계적으로 확산되는 데 결정적 역할을 한 작품이다. 손오공과 그의 동료들이 펼치는 모험은 단순한 액션 서사에 그치지 않고, 우정·도전·승부라는 보편적 가치들을 중심에 두었다. 이러한 주제는 국적과 세대를 초월해 독자들에게 공감을 불러일으켰으며, 일본 만화가 글로벌 팬덤을 형성할 수 있는 기반을 마련했다.

산업적 측면에서 『드래곤볼』은 잡지 연재 → 단행본 → 애니메이션 → 영화로 이어지는 전형적인 순환 구조를 보여주었다. 특히 애니메이션 방영과 함께 완구·게임·캐릭터 상품으로 확장되면서 막대한 부가가치를 창출했고, 일본 만화 산업이 세계 시장에서 경쟁력을 확보하는 데 중요한 사례가 되었다.

사회적 의미로는, 『드래곤볼』이 일본 청소년 문화의 정체성을 넘어 세계적 문화 코드로 자리 잡았다는 점이 중요하다. 손오공의 성장 서사는 청소년들에게 끊임없는 자기 계발과 도전 정신을 상징했으며, 동시에 해외 독자들에게도 쉽게 이해되는 보편적 이야기 구조를 제공했다. 이로써 일본 만화는 특정 지역의 하위문화가 아니라, 글로벌 대중문화의 핵심 축으로 발전할 수 있었다.

결국 『드래곤볼』은 일본 만화가 세계 시장에서 성공할 수 있는 보편적 서사와 산업적 확장 모델을 동시에 보여준 작품으로, 이후 『슬램덩크』와 『원피스』 같은 작품들이 국제적 팬덤을 형성하는 데 중요한 선례가 되었다.

5-4-4 『슬램덩크』: 스포츠 만화와 청소년 문화

1990년대 초반에 연재된 『슬램덩크』는 일본 만화가 청소년 문화와 스포츠 문화를 연결하는 데 중요한 역할을 한 작품이다. 농구라는 소재를 중심으로 한 이 만화는 단순한 경기 묘사에 그치지 않고, 협동·도전·성장이라는 가치를 청소년 독자들에게 전달하였다. 주인공과 팀원들이 좌절과 실패를 극복하며 성장하는 과정은 당시 일본 사회에서 강조되던 근면과 노력의 윤리를 반영하면서도, 청소년들에게 현실적 공감대를 제공했다.

산업적 측면에서 『슬램덩크』는 잡지 연재에서 단행본으로 이어지며 폭발적인 인기를 얻었고, 이후 애니메이션화와 영화화로 확장되었다. 특히 농구라는 스포츠가 일본 내에서 대중화되는 계기를 마련했으며, 만화가 특정 장르의 오락을 넘어 사회적 문화 현상을 촉발할 수 있음을 보여주었다.

사회적 의미로는, 『슬램덩크』가 청소년 독자층을 넘어 성인 독자에게도 강한 공감을 불러일으켰다는 점이 중요하다. 작품 속 인물들의 인간적 갈등과 성장 서사는 세대 간 공통 언어로 기능하며, 일본 사회에서 만화가 세대와 계층을 연결하는 매체로 발전하는 과정을 잘 보여주었다.

결국 『슬램덩크』는 스포츠 만화가 단순한 오락물이 아니라 청소년 문화와 사회적 가치관을 반영하는 장르로 자리매김하는 데 기여했으며, 일본 만화가 주류 문화로 성장하는 과정에서 중요한 이정표가 되었다.

5-4-5 『원피스』: 장기 연재와 독자 참여형 문화

1997년 연재를 시작한 『원피스』는 일본 만화 산업에서 초장기 인기작으로 자리매김한 대표 사례다. 해적왕을 꿈꾸는 루피와 동료들의 모험은 단순한 액션 서사에 그치지 않고, 우정·자유·도전이라는 가치를 중심에 두며 세대와 국경을 넘어 독자들의 공감을 이끌어냈다.

산업적 측면에서 『원피스』는 잡지 연재를 기반으로 단행본 판매에서 압도적인 성과를 거두었고, 이후 애니메이션·영화·게임·캐릭터 상품으로 확장되며 일본 만화 산업의 지속 가능한 수익 모델을 제시했다. 특히 독자 투고와 설문 시스템을 적극 반영하는 편집 구조는 작품의 전개와 인기를 유지하는 데 중요한 역할을 했으며, 이는 일본 만화가 독자 참여형 문화로 발전했음을 보여준다.

사회적 의미로는, 『원피스』가 청소년뿐 아니라 성인 독자에게도 강한 공감을 불러일으켰다는 점이 중요하다. 루피와 동료들의 모험은 단순한 판타지가 아니라, 자유와 연대의 가치를 상징하며 일본 사회와 세계 독자들에게 보편적 메시지를 전달했다. 또한 장기 연재를 통해 독자와 함께 성장하는 경험을 제공함으로써, 만화가 단순한 오락을 넘어 세대 간 공유되는 문화적 텍스트로 자리매김할 수 있음을 입증했다.

결국 『원피스』는 일본 만화가 장기 연재와 독자 참여를 통해 어떻게 산업적 안정성과 사회적 의미를 동시에 확보할 수 있는지를 보여주는 대표적 사례이며, 글로벌 시장에서도 일본 만화의 경쟁력을 강화하는 데 중요한 역할을 했다.

5-4-6 『진격의 거인』: 현대 사회 불안과 글로벌 수용

2009년 연재를 시작한 『진격의 거인』은 일본 만화가 신세대 독자층을 넘어 세계적으로 강한 반향을 일으킨 작품이다. 거대한 벽 안에 갇힌 인류와 외부의 거인이라는 설정은 단순한 판타지가 아니라, 현대 사회의 불안·폭력·정체성 문제를 은유적으로 드러냈다. 독자들은 작품 속 세계를 통해 집단적 공포와 생존의 긴장을 체험했으며, 이는 일본 사회뿐 아니라 글로벌 독자들에게도 보편적으로 이해되는 메시지였다.

산업적 측면에서 『진격의 거인』은 단행본 판매에서 폭발적인 성과를 거두었고, 애니메이션화 이후 세계적으로 팬덤을 확장했다. 특히 온라인 플랫폼과 스트리밍 서비스의 확산은 이 작품이 해외 독자층에 빠르게 도달할 수 있는 계기를 마련했으며, 일본 만화가 디지털 시대의 글로벌 콘텐츠로 자리매김하는 과정을 보여주었다.

사회적 의미로는, 『진격의 거인』이 단순한 오락물이 아니라 현대 사회의 불안과 갈등을 반영하는 텍스트로 기능했다는 점이 중요하다. 작품 속의 '벽'은 배타성과 고립을, '거인'은 외부의 위협과 폭력을 상징하며, 이는 독자들에게 현실 사회의 문제를 성찰하게 하는 계기를 제공했다. 또한 해외 독자들은 이러한 은유를 자신들의 사회적 맥락에 맞게 해석하며, 일본 만화가 글로벌 문화 담론에 참여할 수 있음을 입증했다.

결국 『진격의 거인』은 일본 만화가 현대 사회의 불안을 반영하면서도 세계적으로 수용되는 보편적 메시지를 담아낼 수 있음을 보여준 작품으로, 일본 만화 산업의 국제적 영향력을 한층 강화하는 계기가 되었다.

5-4-7 『포켓몬스터』: 미디어 믹스의 완성형 모델

1990년대 후반에 등장한 『포켓몬스터』는 일본 만화 산업에서 미디어 믹스 전략의 완성형 모델로 자리매김한 작품이다. 포켓몬 세계는 만화 연재에서 출발했지만 곧 애니메이션, 게임, 완구, 캐릭터 상품으로 확장되며, 하나의 작품이 다양한 매체를 통해 소비되는 구조를 정착시켰다.

산업적 측면에서 『포켓몬스터』는 일본 내에서뿐 아니라 세계 시장에서도 막대한 인기를 얻으며, 일본 대중문화가 글로벌 콘텐츠 산업의 핵심 축으로 성장하는 계기를 마련했다. 특히 게임과 애니메이션이 동시에 전개되면서 팬층은 빠르게 확대되었고, 완구와 상품 판매로 이어지며 복합적 수익 구조를 형성했다. 이는 일본 만화가 단순한 출판물에 머무르지 않고 생활 속에서 다양한 형태로 소비되는 텍스트로 발전했음을 보여준다.

사회적 의미로는, 『포켓몬스터』가 어린이와 청소년을 중심으로 세대 간 공유되는 문화 코드로 자리 잡았다는 점이 중요하다. 포켓몬을 수집하고 교환하는 놀이 방식은 공동체적 경험을 강화했고, 애니메이션과 게임 속 이야기는 우정·모험·도전이라는 보편적 메시지를 전달했다. 또한 해외 독자와 소비자들도 이 세계관을 쉽게 받아들임으로써, 일본 만화가 글로벌 문화산업에서 경쟁력을 유지할 수 있음을 입증했다.

결국 『포켓몬스터』는 일본 만화 산업이 미디어 믹스를 통해 세계적 확산을 실현한 대표적 사례로, 이후 다양한 작품들이 이 모델을 따라가며 일본 대중문화의 국제적 영향력을 강화하는 데 기여했다.

앞서 살펴본 『철완 아톰』, 『도라에몽』, 『드래곤볼』, 『슬램덩크』, 『원피스』, 『진격의 거인』, 『포켓몬스터』 등 대표 작품들은 일본 만화 산업이 어떻게 성장하고 사회적 의미를 확장해왔는지를 잘 보여준다. 이들 작품은 각각 다른 시대와 장르를 대표하면서도, 산업적 확장(출판 → 애니메이션 → 상품화), 사회적 메시지(과학기술 낙관주의·청소년 문화·현대 사회 불안), 글로벌 수용이라는 공통된 흐름을 공유한다. 결국 일본 만화는 단순한 오락물이 아니라, 세대와 계층을 넘어 사회 전체가 공유하는 문화적 텍스트로 자리매김했으며, 세계 시장에서도 경쟁력을 갖춘 콘텐츠 산업의 핵심 축으로 발전하였다.

제5장 핵심정리

- 일본 만화는 전후 사회에서 대중적 오락으로 자리 잡으며 잡지 연재 중심의 구조를 확립하였다.
- 잡지 → 단행본 → 애니메이션·영화로 이어지는 순환 구조는 독자와 작가의 상호작용을 가능하게 했다.
- 청소년 중심의 하위문화에서 출발했지만 성인 독자층과 다양한 장르 확산을 통해 주류 문화로 성장하였다.
- 미디어 믹스 전략은 만화가 여러 매체로 확장되는 과정을 보여주며, 일본 대중문화가 세계로 확산되는 기반이 되었다.
- 『철완 아톰』, 『드래곤볼』, 『슬램덩크』, 『포켓몬스터』 등 대표 작품은 일본 만화 산업의 발전과 글로벌 영향력을 잘 보여준다.

교실활동 코너

1. 자신이 좋아하는 일본 만화 작품을 선택해, 그 작품이 다른 매체로 어떻게 확장되었는지 조사해보자.
2. 일본 만화와 한국 만화(웹툰)의 산업 구조를 비교하여 공통점과 차이점을 토론해보자.
3. 만화 속에 담긴 사회적 메시지를 찾아보고, 오늘날 청소년 문화와 어떻게 연결되는지 발표해보자.
4. 일본 만화의 글로벌 확산 과정을 살펴보고, 한국 대중문화와 비교하여 논의해보자.

문화 키워드 해설

- 망가(Manga): 일본식 만화를 지칭하는 용어로, 전후 사회에서 대중적 오락으로 자리 잡았다. 잡지 연재와 단행본 판매를 중심으로 성장하며, 다양한 장르와 독자층을 형성하였다.
- 잡지 연재 시스템: 주간·월간 잡지에 작품을 연재하고 독자의 반응을 통해 인기를 검증하는 구조. 이후 단행본 출간과 애니메이션·영화화로 이어지는

순환 체계를 만들어냈다.

- 서브컬처(Subculture): 특정 세대나 집단의 하위문화로 출발했으나, 일본 만화는 성인 독자층까지 확대되며 사회 전반에 영향을 미치는 주류 문화로 성장하였다.
- 미디어 믹스(Media Mix): 하나의 작품을 만화·애니메이션·영화·게임·캐릭터 상품 등 다양한 매체로 확장하는 전략. 작품의 세계관을 여러 방식으로 경험하게 하며, 일본 대중문화가 글로벌 시장으로 확산되는 기반이 되었다.

제6장

일본 애니메이션의
신화와 글로벌 파급력

제6장 일본 애니메이션의 신화와 글로벌 파급력

6-1 일본 애니메이션 산업의 형성과 발전

6-1-1 일본 애니메이션의 출발과 정착

일본 애니메이션은 1910년대에 본격적으로 모습을 드러냈다. 시모카와 오텐(下川凹天)의 「이모카와 무쿠조-현관지킴이편(芋川椋三玄関番の巻)」(1917)은 일본 최초의 애니메이션으로 평가되며, 이어 고우치 준이치(幸内純一)의 「하나와 헤코나이-명도편(塙凹内名刀之巻, 흔히 '무딘 칼'이라 불림)」(1917)이 현존하는 가장 오래된 일본 애니메이션으로 남아 있다.

1930~40년대에는 단편 위주의 제작이 이어졌으나, 세오 미쓰요(瀬尾光世) 감독의 「모모타로의 바다 독수리(桃太郎の海鷲)」(1942)가 일본 최초의 장편 애니메이션으로 제작되었다. 이 작품은 전쟁 선전 목적을 띠고 있었으며, 속편인 「모모타로 바다의 신의 군대(桃太郎海の神兵)」(1944)는 '대동아공영권' 구상을 홍보하고 징병 참여를 독려하는 등 정치적 성격이 강했다. 이는 애니메이션이 단순한 오락물이 아니라 사회·정치적 도구로 활용될 수 있음을 보여준다.

전후 일본 애니메이션은 미국 애니메이션의 대량 수입과 규제로 침체기를 겪었지만, 1956년 도에이동화주식회사(현 도에이 애니메이션)의 설립으로 새로운 전환점을 맞았다. 도에이는 1958년 일본 최초의 장편 컬러 애니메이션「흰뱀 이야기(白蛇伝)」를 발표하였다. 중국 전설을 바탕으로 제작된 이 작품은 일본 애니메이션이 본격적으로 산업적 기반을 갖추고, 이후 세계 시장으로 나아가는 첫걸음을 내딛게 했다는 점에서 의미가 크다.

6-1-2 산업 구조의 확립

전후 일본 애니메이션은 한동안 침체기를 겪었지만, 1956년 도에이동화주식회사(현 도에이 애니메이션)의 설립으로 새로운 전환점을 맞이하였다. 도에이는 1958년「흰뱀 이야기(白蛇伝)」를 발표하며 일본 최초의 장편 컬러 애니메이션을 선보였다. 이 작품은 중국 전설을 바탕으로 제작되었으며, 일본 애니메이션이 본격적으로 산업적 기반을 갖추고 장편 제작에 도전할 수 있음을 보여주었다.

1960년대에 들어서면서 TV의 보급은 애니메이션 산업의 구조를 크게 바꾸었다. 1963년 데즈카 오사무(手塚治虫)의「철완 아톰(鉄腕アトム)」은 일본 최초의 TV 애니메이션으로 방영되었고, 제작비와 제작 시간을 절감하기 위해 '리미티드 애니메이션' 기법을 도입하였다. 이는 일본 애니메이션이 대량 생산 체제를 갖추게 된 계기였으며, 이후 다양한 작품들이 TV를 통해 전국적으로 방영되면서 애니메이션은 일상적 오락으로 자리 잡았다.

이 시기 애니메이션 산업은 출판·방송·완구·영화와 긴밀히 연결되며 복합적인 구조를 형성하였다. 잡지 연재 만화가 애니메이션화되고, 애니메이션은 다시 완구와 캐릭터 상품으로 이어지며, 극장판 영화로 확장되는 순환 구조가 만들어졌다. 예를 들어「철인 28호(鉄人28号)」,

「마징가 Z(マジンガーZ)」와 같은 로봇 애니메이션은 TV 방영과 동시에 장난감 산업과 결합하여 막대한 경제적 가치를 창출하였다.

또한 제작사와 방송사의 협력 체제가 확립되면서 애니메이션은 단순한 영상물이 아니라 종합적 문화산업으로 발전하였다. 토에이 애니메이션은 장편 극장판을 주도하며 강렬한 연출과 손으로 직접 그린 배경을 특징으로 삼았고, 선라이즈(Sunrise)는 오리지널 애니메이션과 로봇물 제작으로 명성을 쌓았다. 이후 스튜디오 지브리(Studio Ghibli)는 작가 중심 체제를 확립하여 독창적인 세계관과 높은 예술성을 보여주며 일본 애니메이션의 위상을 세계적으로 끌어올렸다.

결국 1960~70년대에 확립된 산업 구조는 일본 애니메이션을 단순한 아동용 오락에서 벗어나, 출판·방송·영화·완구·캐릭터 산업을 아우르는 복합 문화산업으로 성장시키는 기반이 되었다. 이러한 구조 덕분에 애니메이션은 일본 사회의 일상 속에 깊숙이 자리 잡았고, 이후 세계 시장으로 진출할 수 있는 토대를 마련하게 되었다.

6-1-3 세계 시장으로의 진출

1980년대 이후 일본 애니메이션은 본격적으로 해외 시장에 진출하며 '재패니메이션(Japanimation)'이라는 이름으로 알려지게 되었다. 이는 단순히 일본 내에서 소비되는 오락물이 아니라, 세계 대중문화의 중요한 한 축으로 자리매김하는 과정이었다.

대표적으로 「드래곤볼(ドラゴンボール)」은 모험과 우정이라는 보편적 주제를 통해 세계 각지에서 공감을 얻었으며, 「세일러문(美少女戦士セーラームーン)」은 여성 캐릭터들이 주체적으로 활약하는 이야기를 통해 글로벌 팬덤을 형성하였다.「포켓몬스터(ポケットモンスター)」는 애니메이션과 게임, 캐릭터 상품을 아우르는 전형적인 미디어믹스 모델로 자리 잡아, 일본 애니메이션이 세계 대중문화의 중심에 서게 되는 계기를 마련했다.

특히 미국과 유럽에서 일본 애니메이션은 기존의 디즈니식 애니메이션과는 다른 독창적 스타일로 주목받았다. 복잡한 줄거리, 캐릭터의 성장, 사회적 메시지를 담은 작품들은 해외 팬들에게 신선하게 다가왔고, 이는 일본 애니메이션이 단순한 아동용 콘텐츠를 넘어 성인층까지 아우르는 문화산업으로 성장하는 계기가 되었다.

1990년대 이후에는「신세기 에반게리온(新世紀エヴァンゲリオン)」,「원령공주(もののけ姫)」,「센과 치히로의 행방불명(千と千尋の神隠し)」과 같은 작품들이 세계적으로 큰 반향을 일으켰다. 특히「센과 치히로의 행방불명」은 아카데미 장편 애니메이션상을 수상하며 일본 애니메이션의 예술성과 산업적 가치를 동시에 인정받았다.

결국 일본 애니메이션은 국내 산업 구조의 확립을 바탕으로 세계 시장에 진출하여, '재패니메이션'이라는 이름으로 글로벌 문화산업의 핵심 축으로 자리매김하였다. 이는 일본 애니메이션이 단순한 오락을 넘어, 세계인과 공유할 수 있는 보편적 가치와 메시지를 담아내는 문화적 텍스트로 성장했음을 보여준다.

6-2 장르와 스타일의 다양화

6-2-1 어드벤처와 스포츠 애니메이션 (1960년대)

1960년대는 일본 애니메이션이 본격적으로 대중문화 속에 자리 잡은 시기였다. 「철완 아톰(鉄腕アトム)」(1963)은 일본 최초의 TV 애니메이션으로 방영되었으며, 제작비와 제작 시간을 절감하기 위해 '리미티드 애니메이션' 기법을 도입하였다. 이는 일본 애니메이션이 대량생산 체제를 갖추게 된 계기였고, 전국적으로 방영되면서 애니메이션은 일상적 오락으로 자리 잡았다.

이 시기 작품들은 전후 사회의 상흔을 극복하고 경제 성장의 성공신화를 반영하였다. 데즈카 오사무의 「밀림의 왕자 레오(ジャングル大帝)」(1965)는 일본 최초의 컬러 TV 애니메이션으로, 자연과 모험을 통해 강인한 주인공상을 제시하였다. 「요술공주 샐리(魔法使いサリー)」(1966)는 마법과 동경을 소재로 하여 소녀 애니메이션의 출발점이 되었다.

1960년대 후반에는 스포츠 애니메이션이 등장하여 사회적 메시지를 담기 시작했다. 「내일의 죠(あしたのジョー)」, 「타이거 마스크(タイガーマスク)」, 「거인의 별(巨人の星)」은 고도 경제성장기의 성공 신화와 연결되며, 시련과 아픔을 극복하고 강인하게 살아가는 주인공을 통해 청소년들에게 협동과 도전 정신을 강조하였다.

6-2-2 SF와 로봇 애니메이션의 약진 (1970년대)

1970년대는 거대 로봇 애니메이션 붐이 일어난 시기였다. 「마징가

Z(マジンガーZ)」(1972)는 로봇 속에 주인공이 들어가 인간과 로봇 사이의 공생 관계를 설정한 최초의 작품으로, 패전 이후 무력감에 빠져 있던 일본의 미래 세대에게 꿈과 자신감을 심어주었다.

이후「독수리 오형제(科学忍者隊ガッチャマン)」(1972),「우주전함 야마토(宇宙戦艦ヤマト)」(1974),「하록 선장(宇宙海賊キャプテンハーロック)」(1977),「은하철도 999(銀河鉄道999)」(1978),「기동전사 건담(機動戦士ガンダム)」(1979) 등이 잇달아 제작되며 SF 애니메이션의 전성기를 열었다. 특히「우주전함 야마토」는 극장판으로도 큰 성공을 거두며 400만 관객을 동원했고, 마쓰모토 레이지의 작품 세계는 허무주의와 에로틱한 스토리 전개로 독자적 명성을 쌓았다.

이 시기 애니메이션은 단순한 오락을 넘어, 기계화 일변도의 문명 세계와 인간 존재의 의미라는 실존적 문제를 다루며 사회적 메시지를 전달하였다. 동시에 완구 산업과의 제휴가 본격화되면서 애니메이션은 경제적 가치와 문화적 영향력을 동시에 확대하였다.

6-2-3 애니메이션의 다양화 (1980년대)

1980년대는 일본이 경제대국으로 성장하면서 애니메이션 역시 다양한 장르로 확장된 시기였다. 이전까지는 어드벤처·로봇물·순정물·SF물이 중심이었지만, 이 시기에는 판타지, 아동물, 성인물, 미스터리, 심리극 등 새로운 장르가 본격적으로 등장하였다.

아동물에서는「이웃집 토토로(となりのトトロ)」,「천사소녀 새롬이(魔法の天使クリィミーマミ)」,「요술공주 밍키(魔法のプリンセスミンキーモモ)」 등이 제작되었다. 이들 작품은 행복한 가정에서 자란 아

이들이 주인공으로 등장하며, 요술과 신비한 힘을 통해 소원을 성취하는 모습을 보여주었다. 이는 이전 세대의 고난과 시련을 극복하는 주인공상과는 다른, 보다 긍정적이고 희망적인 세계관을 반영한 것이다.

또한『주간 소년 점프』계열의 인기 만화가 애니메이션화되면서 황금기를 맞았다.「드래곤볼(ドラゴンボール)」,「슬램덩크(SLAM DUNK)」,「북두의 권(北斗の拳)」등은 대성공을 거두며 일본 애니메이션의 대중성과 상업성을 동시에 강화하였다.

이 시기 가장 중요한 사건은 미야자키 하야오(宮崎駿) 감독의 신화적 시작이었다.「바람계곡의 나우시카(風の谷のナウシカ)」(1984)는 환경 보호와 반전주의 메시지를 담아내며 흥행에 성공했고, 이후 스튜디오 지브리(Studio Ghibli)가 설립되어「이웃집 토토로」,「마녀 배달부 키키(魔女の宅急便)」,「붉은 돼지(紅の豚)」등 걸작들을 발표하였다. 지브리 작품은 높은 예술성과 사회적 메시지를 결합하여 일본 애니메이션의 위상을 세계적으로 끌어올렸다.

성인 애니메이션도 본격적으로 등장하였다.「반딧불의 묘(火垂るの墓)」는 전쟁의 참상을 사실적으로 묘사하며 깊은 감동을 주었고,「아키라(AKIRA)」는 미래 도시와 인간 심리를 다루며 일본 애니메이션의 실험성과 예술성을 보여주었다. 이러한 작품들은 애니메이션이 단순한 아동용 오락물이 아니라 성인층까지 아우르는 문화적 텍스트임을 입증하였다.

6-2-4 애니메이션의 세분화 (1990~2000년대)

1990년대 일본 사회는 버블경제 붕괴, 옴 진리교 지하철 사린 사건, 고베 대지진 등 격동의 사건을 겪었다. 이러한 현실은 애니메이션에도 반영되어 작품의 내용은 더욱 복잡하고 섬세해졌으며, 다양한 소재와 무거운 주제를 담게 되었다.

아동물에서는「포켓몬스터(ポケットモンスター)」,「세일러문(美少女戦士セーラームーン)」,「보노보노(ぼのぼの)」등이 큰 인기를 끌었다. 특히「포켓몬스터」는 게임·애니메이션·캐릭터 상품을 아우르는 미디어 믹스 전략으로 세계적 성공을 거두었고,「세일러문」은 여성 캐릭터의 힘과 연대를 강조하며 글로벌 팬덤을 형성하였다.

한편 로봇 애니메이션은 더 이상 아동층의 공감을 얻지 못하고 성인물로 변신하였다.「신세기 에반게리온(新世紀エヴァンゲリオン)」은 인간 심리를 심층적으로 파헤치며 영상미와 서사 구조에서 혁신을 보여주었다. 이 작품은 사회 현상으로 불릴 만큼 큰 인기를 얻었고, 일본 애니메이션의 제3세대 붐을 이끌었다.

성인 애니메이션은「원령공주(もののけ姫)」,「퍼펙트 블루(Perfect Blue)」,「공각기동대(攻殼機動隊)」등에서 더욱 복잡하고 난해한 주제를 다루었다. 고독, 인간 소외, 타인에 대한 몰이해, 마음의 성장 등 1990년대를 살아가는 젊은 세대의 문제를 반영하며, 애니메이션이 사회적 담론의 장으로 기능하게 되었다.

2000년대 들어서는「부기팝은 웃지 않는다(ブギーポップは笑わない)」등 차세대 감독들의 작품이 등장하며 새로운 실험과 도전을 이

어갔다. 이 시기 애니메이션은 아동물과 성인물의 경계가 허물어지고, 남녀노소가 함께 즐길 수 있는 이야기로 구성되며 대중문화의 중심에 자리 잡았다.

6-2-5 애니메이션의 글로벌화와 새로운 흐름 (2010년대 이후~현재)

2010년대 이후 일본 애니메이션은 디지털 기술의 발전과 글로벌 플랫폼의 확산에 힘입어 새로운 국면을 맞이하였다. 넷플릭스, 아마존 프라임 등 글로벌 OTT 서비스가 일본 애니메이션을 적극적으로 배급하면서, 해외 팬덤은 더욱 확대되었다.

이 시기 가장 주목받은 감독은 신카이 마코토(新海誠)이다. 그의 작품 「너의 이름은(君の名は。)」(2016)은 일본 국내에서 250억 엔 이상의 흥행 수입을 기록하며 세계적으로도 큰 성공을 거두었다. 이어 「날씨의 아이(天気の子)」(2019), 「스즈메의 문단속(すずめの戸締まり)」(2022) 역시 흥행에 성공하며, 신카이 감독은 현대 일본 애니메이션을 대표하는 인물로 자리매김하였다. 그의 작품은 아름다운 배경 묘사와 청춘의 감성을 결합하여, 일본 애니메이션의 새로운 미학을 보여준다.

또한 호소다 마모루(細田守)의 「시간을 달리는 소녀(時をかける少女)」(2006), 「늑대아이(おおかみこどもの雨と雪)」(2012), 「괴물의 아이(バケモノの子)」(2015), 「미래의 미라이(未来のミライ)」(2018) 등은 가족과 성장, 인간과 자연의 관계를 주제로 하여 국제적으로도 높은 평가를 받았다.

이와 함께 오시이 마모루(押井守), 안노 히데아키(庵野秀明) 등 기

존 거장들의 작품도 꾸준히 재조명되며, 일본 애니메이션은 전통과 혁신을 동시에 이어가고 있다. 최근에는 「진격의 거인(進撃の巨人)」, 「귀멸의 칼날(鬼滅の刃)」, 「주술회전(呪術廻戦)」 등 만화 원작 애니메이션이 세계적으로 큰 인기를 끌며, 일본 애니메이션의 글로벌 경쟁력을 다시금 입증하였다.

결국 2010년대 이후 일본 애니메이션은 글로벌화, 디지털화, 감독 중심의 예술성 강화라는 특징을 보이며, 세계 대중문화 속에서 확고한 위치를 차지하게 되었다.

6-3 주요 감독과 대표작

6-3-1 데즈카 오사무(手塚治虫) – '재패니메이션의 아버지'

데즈카 오사무는 일본 애니메이션과 만화의 발전에 결정적인 역할을 한 인물로, 흔히 '재패니메이션의 아버지'라 불린다. 그는 「철완 아톰(鉄腕アトム)」을 통해 일본 최초의 TV 애니메이션을 제작하며 대중문화의 새로운 장을 열었다. 데즈카는 리미티드 애니메이션 기법을 도입해 제작비와 시간을 절감하면서도 감동적인 서사를 전달하는 데 성공하였다. 그의 작품은 단순한 오락을 넘어 인간애, 평화, 생명 존중이라는 메시지를 담아내며 일본 애니메이션의 철학적 기반을 마련하였다.

6-3-2 미야자키 하야오(宮崎駿)와 스튜디오 지브리(スタジオジブリ)

미야자키 하야오는 일본 애니메이션을 세계적 예술로 끌어올린 감

독이다. 「바람계곡의 나우시카(風の谷のナウシカ)」(1984)의 성공을 계기로 스튜디오 지브리를 설립하고, 「이웃집 토토로(となりのトトロ)」, 「마녀 배달부 키키(魔女の宅急便)」, 「붉은 돼지(紅の豚)」, 「모노노케 히메(もののけ姫)」, 「센과 치히로의 행방불명(千と千尋の神隠し)」 등 걸작들을 발표하였다.

지브리 작품은 손으로 직접 그린 배경과 섬세한 캐릭터 묘사, 환경보호·평화·인간과 자연의 공존이라는 메시지를 담아내며 세계적으로 높은 평가를 받았다. 특히 「센과 치히로의 행방불명」은 아카데미 장편 애니메이션상을 수상하며 일본 애니메이션의 위상을 국제적으로 확고히 했다.

6-3-3 안노 히데아키(庵野秀明)와 새로운 실험

안노 히데아키는 「신세기 에반게리온(新世紀エヴァンゲリオン)」을 통해 일본 애니메이션의 새로운 지평을 열었다. 이 작품은 인간 심리를 심층적으로 파헤치며 영상미와 서사 구조에서 혁신을 보여주었고, 사회 현상으로 불릴 만큼 큰 인기를 얻었다. 에반게리온은 전투 장면의 박진감과 정적인 장면의 대비를 통해 긴장과 평온을 동시에 전달하며, 애니메이션이 철학적·심리적 탐구의 장이 될 수 있음을 입증하였다.

6-3-4 신카이 마코토(新海誠)와 현대 일본 애니메이션

신카이 마코토는 2010년대 이후 일본 애니메이션을 대표하는 감독으로 자리매김하였다. 「너의 이름은(君の名は。)」(2016)은 일본 국내에서 250억 엔 이상의 흥행 수입을 기록하며 세계적으로도 큰 성공을 거두었다. 이어「날씨의 아이(天気の子)」(2019),「스즈메의 문단속(すずめの戸締まり)」(2022) 역시 흥행에 성공하며, 신카이 감독은 현대 일본 애니메이션의 새로운 미학을 보여주었다. 그의 작품은 아름다운 배경 묘사와 청춘의 감성을 결합하여, 일본 애니메이션의 감수성을 세계적으로 확산시키는 데 기여하였다.

6-3-5 그밖의 감독들

데즈카 오사무, 미야자키 하야오, 안노 히데아키, 신카이 마코토와 같은 거장들 외에도 일본 애니메이션의 발전에는 다양한 감독들이 중요한 기여를 해왔다. 예를 들어 호소다 마모루(細田守)는「시간을 달리는 소녀(時をかける少女)」,「늑대아이(おおかみこどもの雨と雪)」,「괴물의 아이(バケモノの子)」,「미래의 미라이(未来のミライ)」등을 통해 가족과 성장, 인간과 자연의 관계를 따뜻하게 그려내며 국제적 평가를 받았다. 그의 작품은 일상적 서사와 판타지를 결합해 현대 사회의 가족상을 성찰하게 한다는 점에서 의미가 크다.

오시이 마모루(押井守)는「공각기동대(攻殻機動隊)」를 통해 사이버펑크와 철학적 주제를 결합하여 애니메이션의 예술적 깊이를 확장시켰다. 인간과 기계, 정체성과 존재론 같은 문제를 탐구한 그의 작품은 애니메이션이 단순한 오락을 넘어 사유의 장이 될 수 있음을 보여주었다.

또한 로봇 애니메이션의 전통을 확립한 선라이즈의 감독진은『기동전사 건담』시리즈를 통해 일본 애니메이션의 독창성을 세계적으로 알렸다. 건담은 단순한 로봇 전투물이 아니라 정치·사회적 메시지를 담아내며, 장난감·프라모델 산업과 결합해 막대한 경제적 가치를 창출하였다.

최근에는 코믹스 웨이브 필름을 중심으로 활동하는 감독들이 신카이 마코토와 함께 성장하며, 정적이고 아름다운 배경과 청춘 감성을 결합한 작품들을 선보이고 있다. 이들은 일본 애니메이션의 감수성을 세계적으로 확산시키는 데 기여하며, 현대 애니메이션의 새로운 흐름을 만들어가고 있다.

6-4 일본 애니메이션 산업의 특징과 회사별 특성

6-4-1 일본 애니메이션의 일반적 특징

일본 애니메이션은 독창적인 제작 방식과 표현 기법을 통해 세계적으로 차별화된 정체성을 형성해왔다. 무엇보다 제작비와 시간을 절감하기 위해 움직임을 최소화하면서도 강렬한 연출을 구현하는 '리미티드 애니메이션' 기법은 일본 애니메이션의 대표적인 특징으로 자리 잡았다. 「철완 아톰(鉄腕アトム)」 이후 이러한 방식은 대량 생산 체제를 가능하게 했고, 일본 애니메이션이 일상적 오락으로 자리매김하는 데 중요한 역할을 했다. 또한 원색의 강렬한 색감, 빛과 광선 효과, 비명과 총소리 같은 자극적인 청각 효과는 시청자의 몰입도를 높이며 일본 애니메이션만의 독특한 감각을 만들어냈다.

서사적 깊이 역시 일본 애니메이션의 중요한 특징이다. 단순한 오락을 넘어 사회적 메시지와 인간 존재의 의미를 담아내며, 아동물과 성인물이 공존하는 독특한 문화적 지형을 형성하였다. 여기에 인기 만화의 판권을 구입해 애니메이션화하고, 극장판·게임·캐릭터 상품으로 확장하는 미디어 믹스 전략은 막대한 부가가치를 창출하며 일본 애니메이션 산업의 성장 동력이 되었다.

6-4-2 스튜디오 지브리(スタジオジブリ)

스튜디오 지브리는 작가 중심 체제를 확립하여 감독의 창의성을 존중하고, 손으로 직접 그린 배경과 섬세한 작화로 높은 예술성을 구현하였다. 「모노노케 히메(もののけ姫)」와 「센과 치히로의 행방불명(千と千尋の神隠し)」은 환경과 평화, 인간과 자연의 공존이라는 메시지를 담아내며 세계적 명성을 획득하였다. 지브리의 작품들은 일본 애니메이션이 단순한 오락을 넘어 예술적 가치와 사회적 메시지를 담아낼 수 있음을 보여주었다.

6-4-3 도에이 애니메이션(東映アニメーション)

도에이는 일본 최초의 장편 컬러 애니메이션 「흰뱀 이야기(白蛇伝)」를 제작한 전통 있는 회사로, 장편 극장판 시장을 주도하며 역동적이고 강렬한 연출을 특징으로 삼았다. 「드래곤볼(ドラゴンボール)」과 「원피스(ONE PIECE)」 같은 대중적 인기작을 통해 글로벌 시장에서도 영향력을 확대하였다. 도에이는 일본 애니메이션을 대중문화 산업의 중심으로 끌어올린 대표적 제작사라 할 수 있다.

6-4-4 선라이즈(Sunrise)

선라이즈는 오리지널 애니메이션 제작에 강점을 가진 전통 깊은 제작사로, 「기동전사 건담(機動戦士ガンダム)」 시리즈를 통해 로봇 애니메이션의 정체성을 확립하였다. 건담 시리즈는 장난감·프라모델 산업과 결합하여 경제적 가치를 창출하며 일본 애니메이션 산업의 상징적 모델이 되었다. 선라이즈는 로봇 애니메이션을 통해 일본 애니메이션의 독창성을 세계적으로 알린 제작사였다.

6-4-5 코믹스 웨이브 필름(コミックス·ウェーブ·フィルム)

코믹스 웨이브 필름은 신카이 마코토 감독의 작품을 중심으로 성장한 스튜디오이다. 「너의 이름은(君の名は。)」, 「날씨의 아이(天気の子)」, 「스즈메의 문단속(すずめの戸締まり)」 등은 아름다운 배경과 청춘 감성을 결합하여 현대 일본 애니메이션의 새로운 미학을 보여주었다. 매출 구조가 특정 감독 작품에 편중되어 있다는 한계가 있지만, 세계적 흥행 성과를 통해 일본 애니메이션의 글로벌 경쟁력을 강화하는 데 기여하였다.

✔ 제6장 핵심정리

- 일본 애니메이션은 1910년대 단편 실험작에서 출발하여 전후 사회의 혼란 속에서도 발전을 이어감
- 1960년대 「철완 아톰(鉄腕アトム)」을 계기로 TV 애니메이션 시대 개막, 리미티드 기법 도입으로 대량 생산 체제 확립
- 1970년대 「마징가 Z(マジンガーZ)」, 「기동전사 건담(機動戦士ガンダム)」 등 로봇 애니메이션이 청소년·성인층까지 아우르며 장르적 확장
- 1980년대 「드래곤볼(ドラゴンボール)」, 「슬램덩크(SLAM DUNK)」, 「북두의 권(北斗の拳)」 등 소년 애니메이션의 황금기 도래
- 스튜디오 지브리의 「바람계곡의 나우시카(風の谷のナウシカ)」, 「이웃집 토토로(となりのトトロ)」, 「센과 치히로의 행방불명(千と千尋の神隠し)」은 환경·평화·인간과 자연의 공존 메시지를 담아내며 세계적 명성 획득
- 1990~2000년대 「신세기 에반게리온(新世紀エヴァンゲリオン)」, 「공각기동대(攻殻機動隊)」, 「원령공주(もののけ姫)」 등 성인 애니메이션이 심리적·철학적 주제를 탐구하며 사회적 담론의 장으로 기능

2010년대 이후 신카이 마코토의 「너의 이름은(君の名は。)」, 「날씨의 아이(天気の子)」, 「스즈메의 문단속(すずめの戸締まり)」이 세계적 흥행에 성공, 현대 일본 애니메이션의 새로운 미학 제시

- 최근 「귀멸의 칼날(鬼滅の刃)」, 「진격의 거인(進撃の巨人)」, 「주술회전(呪術廻戦)」 등 만화 원작 애니메이션이 글로벌 팬덤을 형성하며 일본 애니메이션의 경쟁력 강화

✔ 교실활동 코너

1. 각자 좋아하는 일본 애니메이션을 선택해 사회적 메시지와 시대적 배경을 분석·발표해보자.
2. 조별로 1960년대~2010년대 이후 대표 장르를 정리하고, 사회·문화적 의미를 발표해보자.
3. 주요 감독·작품·제작사에 대한 퀴즈를 만들어 서로 풀며 학습 내용을 점검해보자.

4. 자신만의 애니메이션 기획안을 작성해 주제·장르·대상 연령층·사회적 메시지를 포함해 발표해보자.

문화 키워드 해설

- 리미티드 애니메이션: 움직임을 최소화해 제작비·시간을 절감하는 기법. 「철완 아톰」 등 초기 TV 애니메이션에서 활용되어 대량 생산 체제 확립에 기여.
- 미디어 믹스(Media Mix): 만화·애니·게임·영화·캐릭터 상품을 결합해 콘텐츠를 확장하는 전략. 「포켓몬스터」가 대표 사례.
- 오타쿠 문화: 특정 분야에 몰입하는 팬 문화. 애니메이션 팬덤 확산과 함께 사회적 현상으로 자리 잡았으며, 창의성과 논란을 동시에 보여줌.
- 감독 중심 체제: 데즈카 오사무, 미야자키 하야오, 안노 히데아키, 신카이 마코토 등 감독의 세계관이 작품 성격을 좌우하며 일본 애니메이션을 차별화.
- 글로벌 팬덤: 「드래곤볼」, 「세일러문」, 「진격의 거인」, 「귀멸의 칼날」 등은 해외에서도 큰 인기를 끌며 일본 애니메이션을 세계적 문화 현상으로 만들었음.

제7장

드라마 속 일본 사회 읽기

제7장 드라마 속 일본 사회 읽기

7-1 일본 드라마의 형성과 발전

7-1-1 초기 실험과 전후 드라마의 태동

일본 드라마의 역사는 1940년 4월 13일, NHK가 실시한 실험 방송용 드라마「저녁 전(夕餉前)」에서 그 뿌리를 찾을 수 있다. 약 12분 분량의 이 단편 드라마는 어머니와 딸이 저녁 식사를 준비하는 일상적인 풍경을 담아냈다. 비록 특별한 사건이 없는 단순한 구성이었으나, 이는 훗날 일본 드라마의 핵심 장르가 되는 '홈드라마'의 기틀을 마련했다는 점에서 의미가 깊다. 당시 방송 기술은 매우 열악하여, 사용된 아이코노스코프(iconoscope) 카메라는 감도가 극히 낮았다. 이 때문에 스튜디오에는 한여름의 직사광선보다 수십 배나 밝은 강렬한 조명을 동원해야 했고, 배우들은 눈을 제대로 뜨기 힘든 열기와 눈부심 속에서 비 오듯 땀을 흘리며 연기에 임해야 했다. 이러한 일화는 초기 드라마 제작이 기술적 한계를 극복하기 위한 고군분투의 과정이었음을 보여준다.

패전 후 중단되었던 드라마 제작은 1953년 NHK와 일본TV(NTV)가 잇따라 개국하며 본격적인 궤도에 올랐다. 이 시기 드라마의 가장 큰 특징은 비디오테이프 녹화 기술(VTR)이 도입되기 전이라 거의 모든 작품이 '생방송'으로 송출되었다는 점이다. 실시간으로 연기가 중계되는 특성상 대사 실수나 소품 사고가 그대로 노출되는 긴장감이 공존했으나, 이는 역설적으로 TV 드라마만의 현장감과 생동감을 강조하는 요소가 되었다.

전후 일본 사회에서 드라마는 단순한 오락 이상의 역할을 했다. 전쟁으로 무너진 가정의 모습을 뒤로하고, 화면 속에서 재건된 평화로운 가족의 일상은 대중에게 일종의 '사회적 치유'로 다가갔다. 특히 초기 드라마들은 라디오 드라마의 인기작들을 화면으로 옮겨오며 대중의 시선을 TV로 끌어들이는 가교 역할을 수행했다. 고가의 TV를 살 수 없던 서민들이 역 앞이나 광장의 '거리 TV' 앞에 모여 드라마를 시청하던 풍경은, 드라마가 전후 일본인들에게 공동체 의식을 확인시켜 주는 일상 회복의 상징이었음을 보여준다. 이처럼 초기 드라마는 기술적 실험과 전후 복구라는 시대적 상황 속에서 일본 대중문화의 중심축으로 자리 잡기 시작했다.

7-1-2 텔레비전 보급과 드라마의 대중화 (1950~60년대)

1950년대 후반부터 1960년대는 일본에서 텔레비전이 일부 부유층의 전유물을 넘어 국민적 매체로 완전히 뿌리내린 시기였다. 이러한 대중화의 결정적 계기는 1959년 4월에 거행된 아키히토(明仁) 황태자와 쇼다 미치코의 결혼식 중계였다. 당시 평민 출신 왕세자비에 대한 대중적 열풍을 뜻하는 '미치 붐(ミッチー・ブーム)'이 일면서, 결혼 퍼레이드를 실시간으로 지켜보기 위해 수많은 가정이 앞다투어 텔레비전을 구매했다. 이어 1964년 도쿄 올림픽은 흑백 방송에서 컬러 방송으로의 전환을 가속화하며 드라마 산업 성장의 강력한 기폭제가 되었다. 이 과정에서 드라마는 단순한 여가 활용 수단을 넘어, 고도 경

제 성장을 구가하던 일본 사회의 근대화된 일상과 국가적 정체성을 드러내는 상징적인 매개체가 되었다.

이 시기 NHK는 오늘날까지 일본 드라마의 양대 산맥으로 불리는 '연속 TV 소설(아사도라)'과 '대하드라마'를 차례로 선보이며 드라마의 질적 수준을 끌어올렸다. 1961년 「딸과 나(娘と私)」로 시작된 아침 연속 TV 소설은 매일 아침 15분간 방영되는 독특한 형식을 취했다. 주로 역경을 이겨내고 성장하는 여성의 일대기나 가족 간의 따뜻한 유대를 다루었는데, 이는 가사 노동에 임하는 주부층의 절대적인 지지를 얻으며 '아침의 습관'으로 자리 잡았다. 일상의 소소한 행복과 희망을 강조하는 아사도라 특유의 서사는 전후 복구기를 지나 고도 경제 성장기로 진입하던 일본인들에게 긍정적인 삶의 태도를 전파하는 역할을 했다.

반면, 1963년에 시작된 대하드라마는 1년이라는 장기간에 걸쳐 역사적 실존 인물의 생애를 조명하는 대규모 프로젝트로 기획되었다. 첫 작품인 「꽃의 생애(花の生涯)」는 에도 막부 말기의 정치가 이이 나오스케의 삶을 다루며 선풍적인 인기를 끌었다. 이전까지 부정적으로 묘사되곤 했던 인물을 입체적으로 재해석하고, 철저한 고증과 막대한 제작비를 투입해 영화에 버금가는 영상미를 구현했다. 가부키 배우인 2대 오노에 쇼로쿠를 주연으로 기용하며 정극으로서의 권위를 확보한 이 작품은 '국민적 역사극'이라는 새로운 장르를 확립했다. 이후 대하드라마는 매주 일요일 저녁 온 가족이 거실에 모여 시청하는 문화적 의례로 안착했으며, 일본의 전통과 역사를 대중적으로 공유하는 중추적인 역할을 수행했다.

결과적으로 1960년대 일본 드라마는 아침 연속 TV 소설을 통한 '일상의 재현'과 대하드라마를 통한 '역사의 재구축'이라는 두 축을 중심으로 발전했다. 텔레비전 보급의 급증과 맞물려 드라마는 가정 내 가장 영향력 있는 예술 형식이 되었으며, 이는 일본 대중문화의 무게중심이 라디오와 영화에서 텔레비전으로 완전히 이동했음을 의미했다.

7-1-3 사회적 격변과 드라마의 황금기 (1970~80년대)

1970년대 초반 일본 사회는 1970년 오사카 만국박람회의 성공적인 개최가 가져온 낙관적인 열기와, 1972년 '아사마 산장 사건'으로 대표되는 연합적군의 극단적 폭력 사태가 주는 허무함을 동시에 경험했다. 고도 성장의 정점에서 느꼈던 자신감은 학생 운동의 몰락과 정치적 무력감을 거치며 급격히 식어갔고, 이는 젊은 층을 중심으로 이른바 '시라케(しらけ, 냉소적이고 무관심한 태도) 시대'를 불러왔다. 이러한 정서적 변화 속에서 드라마는 자극적인 수사물이나 비현실적인 영웅담보다는, 인간의 내면이나 가족의 해체를 다루는 보다 현실적이고 세밀한 서사에 집중하기 시작했다.

이 시기 일본 드라마는 소재의 다양화와 제작 기법의 성숙을 통해 진정한 의미의 황금기에 접어들었다. 1970년대 후반을 상징하는 TBS의 「3년 B반 긴파치 선생(3年B組金八先生)」(1979)은 기존의 정형화된 학원물에서 탈피해 교육 현장의 모순과 청소년 비행, 임신, 이지메 등 금기시되던 사회 문제를 정면으로 다루며 거대한 담론을 형성했다. 단순히 교사가 학생을 선도하는 이야기를 넘어, 기성세대의 위선을 고발하고 소외된 아이들의 목소리를 대변한 이 작품은 일본 학원 드라마의 새로운 전형이 되었다.

이어 1980년대 초반에는 일본 방송 역사상 전무후무한 기록을 남긴 NHK 연속 TV 소설 「오싱(おしん)」(1983)이 등장했다. 메이지 시대부터 전후까지 가난과 역경을 이겨내며 살아온 여주인공의 일대기를 그린 이 작품은 최고 시청률 62.9%라는 경이로운 기록을 세웠다. 「오싱」은 풍요로운 거품 경제 시대를 눈앞에 둔 당시 일본인들에게 과거의 고난과 인내라는 가치를 되새기게 하며 전 세대를 아우르는 사회적 신드롬을 일으켰다. 이는 드라마가 개인의 감동을 넘어 국가적 정체성과 근현대사를 재확인하는 강력한 매개체임을 입증한 사례였다.

또한, 1980년대 중반으로 접어들면서 드라마는 가족의 화합을 강조하던 전통적인 '홈드라마'에서 벗어나기 시작했다. 야마다 다이치(山田太一)나 구라모토 소우 같은 스타 작가들은 「고르지 않은 사과들(ふぞろいの林檎たち)」(1983)이나 「북쪽 나라에서(北の国から)」(1981) 등을 통해 현대인의 고독과 단절된 관계를 깊이 있게 조명했다. 이는 훗날 90년대 '트렌디 드라마'의 화려함이 등장하기 전, 일본인들이 마주했던 내면의 풍경이자 드라마가 단순한 위안을 넘어 인간 존재에 대한 성찰을 담아내는 예술 장르로 진화했음을 보여준다.

7-1-4 버블경제와 트렌디 드라마의 등장 (1980년대 후반~1990년대)

1980년대 후반 일본 사회는 전례 없는 버블 경제의 풍요 속에서 소비 중심의 도시 문화가 만개했다. 이 시기 젊은 세대는 이전 세대가 중시했던 거창한 사회적 담론보다는 개인의 라이프스타일과 감각적인 연애에 몰입하기 시작했다. 이러한 시대적 흐름 속에서 탄생한 장르가 바로 '트렌디 드라마'다. 트렌디 드라마는 세련된 도시 공간을 배경으로 화려한 패션, 감각적인 음악, 그리고 현실적인 연애 심리를 묘사하며 젊은 층의 선망을 자극했다.

그 중심에 선 작품이 바로 1991년 후지TV에서 방영된 「도쿄 러브 스토리(東京ラブストーリー)」다. "월요일 밤이면 거리에서 여성들이 사라진다"는 말이 나올 정도로 선풍적인 인기를 끌었던 이 드라마는, 전통적인 순애보에서 벗어나 자신의 감정에 솔직하고 주체적인 여성상을 제시하며 새로운 로맨스의 전형을 정립했다. 같은 해 방영된 「101번째 프로포즈(101回目のプロポーズ)」 역시 전형적인 미남·미녀의 틀을 깨고 평범한 남성의 진심 어린 구애를 그려내며 폭발적인 지지를 얻었다.

1990년대 중반에 이르러 트렌디 드라마는 한층 성숙한 단계로 진입했다. 1996년 작 「롱 베케이션(Long Vacation)」은 이 시기 드라마의 정점을 보여주는 작품으로 평가받는다. 이 드라마는 단순히 연애의 화려함만을 좇는 것이 아니라, 인생의 정체기에 머물고 있는 청춘들이 서로를 보듬으며 성장하는 과정을 섬세하게 그려냈다. 특히 인물들의 고민을 포장하지 않고 보통 사람들의 눈높이에서 진솔하게 담아내어 여성들의 자아 성찰과 연대감을 이끌어냈다.

한편, 화려한 트렌디 드라마의 이면에는 사회적 금기를 정면으로 응시하며 인간 내면의 어둠을 파헤친 흐름도 존재했다. 작가 노지마 신지로 대표되는 이 경향은 「한 지붕 아래(ひとつ屋根の下)」(1993), 「인간·실격(人間・失格)」(1994) 등의 작품을 통해 가족의 붕괴, 학교

폭력, 근친상간 등 충격적인 소재를 다루며 큰 사회적 파장을 일으켰다. 이는 버블 붕괴 이후 일본 사회가 직면한 불안과 내면의 상처를 극적으로 드러내며, 드라마가 지닌 비판적 성찰 기능을 극대화했다.

이러한 드라마들의 열풍은 일본 국내를 넘어 대만, 홍콩, 한국 등 아시아 전역으로 퍼져나갔다. 도시적 감수성과 세련된 영상미로 무장한 일본 드라마는 당시 아시아 청년층이 동경하는 라이프스타일의 이정표가 되었다. 이는 일본 드라마가 글로벌 시장에서도 통할 수 있다는 문화적 경쟁력을 입증한 사건이었으며, 훗날 한국 드라마의 발전과 한일 간 대중문화 교류의 역사적 맥락에서도 중요한 비교 기준이자 영감의 원천으로 남게 되었다.

7-1-5 2000년대 이후의 변화와 새로운 흐름

2000년대 이후의 일본 드라마는 과거의 화려한 로맨스 중심에서 벗어나, 직업적 전문성을 깊이 있게 다루거나 사회적 모순을 정면으로 응시하는 방향으로 진화했다. 이 시기 드라마의 가장 큰 특징 중 하나는 이른바 '전문직 드라마'의 정착이다. 수사, 의료, 법조 등 특정 분야의 생생한 현장을 배경으로 삼아 단순한 오락을 넘어 현실 사회의 단면을 날카롭게 반영하는 사회파 장르가 주류로 부상했다.

그 정점에 서 있는 작품이 2013년 방영된 「한자와 나오키(半沢直樹)」이다. 거대 은행의 부당한 권력과 부정부패에 맞서는 은행원의 복수극을 다룬 이 드라마는 "당한 만큼 갚아준다(やられたらやり返す、倍返しだ!!)"라는 유행어를 낳으며 최종회 시청률이 42.2%에 달하는 경이로운 기록을 세웠다. 이는 장기 불황 속에서 상명하복의 조직

문화에 지친 일본 직장인들에게 카타르시스를 선사하며 하나의 사회적 현상으로 자리잡았다. 또한 의료 드라마 분야에서도 대학 병원 내의 권력 투쟁을 다루었던 「하얀 거탑(白い巨塔)」(2003) 식의 거대 담론에서 나아가, 점차 개별 생명의 존엄성과 현장의 고충에 집중하는 경향이 나타났다. 산부인과와 신생아과의 현실을 정밀하게 그려낸 「고우노도리(コウノドリ)」(2015)는 의료 시스템의 한계와 생명 탄생의 기적을 진지하게 물으며 시청자들의 깊은 공감을 이끌어냈다.

2010년대 동일본 대지진이라는 국가적 비극은 드라마의 지형도를 다시 한번 바꾸어 놓았다. 대지진 이후 사회 전반에 흐르던 자숙과 불안의 정서는 드라마가 단순한 자극을 넘어 사회적 치유와 연대의 메시지를 전달하게끔 만들었다. 이러한 맥락에서 2016년 방영된 「도망치는 건 부끄럽지만 도움이 된다(逃げるは恥だが役に立つ)」는 큰 의미를 갖는다. '계약 결혼'이라는 파격적인 설정을 빌려 현대 사회의 고용 불안과 가사 노동의 가치 문제를 재치 있게 풀어낸 이 작품은, 기존의 가부장적 가족관이 무너진 자리에 새로운 인간관계와 공동체의 가능성을 제시하며 폭발적인 호응을 얻었다.

이후 일본 드라마는 넷플릭스 등 글로벌 OTT 플랫폼의 확산에 발맞춰 소재와 형식 면에서 더욱 과감한 시도를 이어가고 있다. 지상파의 전형적인 틀을 벗어나 작가주의적 색채를 강화하거나 장르 간의 융합을 꾀하는 흐름은, 일본 드라마가 특유의 서정성과 예리한 사회 비판 시각을 유지하면서도 전 세계 시청자와 소통하는 새로운 동력이 되고 있다.

7-2 드라마 장르와 사회적 맥락

7-2-1 가족 드라마와 세대 갈등

일본 드라마사에서 가족 드라마는 가장 뿌리 깊은 장르이자, 시대의 변화를 가장 민감하게 비추는 거울이다. 패전 후 무너진 공동체를 복구해야 했던 시기에 가족은 단순한 혈연 집단을 넘어 사회 재건과 심리적 안정의 최후 보루였다. 드라마는 이러한 가족의 일상을 화면으로 옮겨옴으로써 전쟁의 상흔을 입은 대중에게 위로와 공감을 제공하는 안식처가 되었다.

이러한 경향을 상징적으로 보여주는 것이 NHK의 '연속 TV 소설(아사도라)'이다. 매일 아침 방영되는 이 시리즈는 가족이라는 울타리 안에서 개인이 어떻게 역경을 딛고 성장하는지를 세밀하게 묘사하며 국민적 지지를 얻었다. 특히 전설적인 작품으로 남은 「오싱(おしん)」(1983)은 메이지 시대부터 현대에 이르기까지 한 여성의 파란만장한 생애를 통해 근면, 인내, 헌신이라는 일본인의 근대적 가치관을 공고히 했다. 「오싱」이 보여준 가족애는 단순히 개인의 도덕성을 넘어, 전후 일본이 고도 경제 성장을 일구어낸 집단적 동력의 근원을 확인시키는 문화적 장치로 작동했다.

그러나 1970년대 이후 고도 성장이 정점에 달하고 도시화가 가속화되면서, 가족 드라마는 세대 간의 갈등과 가치관의 균열을 본격적으로 다루기 시작했다. 전통적인 대가족의 붕괴와 핵가족화, 그리고 부모 세대의 전체주의적 가치관과 자녀 세대의 개인주의적 성향 사이의 충돌은 드라마의 주요 갈등 소재가 되었다. 이제 드라마 속 가족은 더 이상 무조건적인 화합의 장소가 아니라, 각 세대가 가진 기대와 좌절이 교차하는 복잡한 공간으로 묘사되었다.

이러한 변화는 가족 드라마가 단순히 과거를 추억하는 도구가 아니라, 변화하는 일본 사회의 사회적 관계망을 분석하고 재구성하는 '문화적 텍스트'임을 의미한다. 부모와 자식 간의 소통 단절, 고령화 사회의 돌봄 문제, 그리고 최근 등장하는 비혈연 공동체의 모습까지, 가족 드라마는 일본 사회의 집단적 기억을 보존하는 동시에 시대마다 요구되는 새로운 가족상을 끊임없이 탐색해왔다. 결과적으로 일본의 가족 드라마는 시대에 따라 그 형태를 달리하면서도, 일본인의 정체성을 형성하는 가장 핵심적인 서사 구조로 자리 잡고 있다.

7-2-2 청춘·연애 드라마와 라이프스타일

1980년대 후반부터 1990년대에 이르는 시기, 일본 드라마는 '트렌디 드라마(Trendy Drama)'라는 독보적인 장르를 구축하며 중대한 전환기를 맞이했다. 이는 이전의 드라마들이 가족이나 직장이라는 집단 속의 개인을 주로 다루었던 것과 달리, 도시 젊은이들의 세련된 소비 양식과 지극히 개인적인 연애 감정을 극의 전면에 내세운 결과였다. 「도쿄 러브 스토리(東京ラブストーリー)」(1991), 「101번째 프로포즈(101回目のプロポーズ)」(1991), 「롱 베케이션(Long Vacation)」(1996)으로 이어지는 이 계보는 단순히 연애 지상주의를 표방하는 데 그치지 않고, 버블 경제 전후의 일본 사회가 지향하던 풍요로운 라이프스타일을 구체화하여 제시했다.

트렌디 드라마는 화려한 도심의 야경, 세련된 인테리어의 아파트,

감각적인 패션과 음악을 통해 대중이 선망하는 현대적 삶의 전형을 시각화했다. 특히 이러한 작품들은 여성 캐릭터의 변화에 주목했다. 주체적으로 사랑을 선택하고 자신의 감정에 당당한 여성상은 당시 사회 진출이 활발해진 젊은 여성층의 열렬한 지지를 얻었다. 그중에서도 「롱 베케이션」은 인물들의 내면을 포장하지 않고 보통 사람들의 눈높이에서 진솔하게 그려냈다는 평가를 받는다. 이 작품은 청춘의 불확실한 미래와 정체기를 '긴 휴가'에 비유함으로써, 성취 중심의 사회에서 지친 젊은이들에게 자아 성찰과 정서적 연대의 메시지를 전달하며 깊은 사회적 공감을 불러일으켰다.

이러한 청춘·연애 드라마의 부상은 일본 사회의 중심 가치가 집단주의적 근대성에서 개인주의적 소비문화로 이동했음을 방증한다. 드라마는 이제 시대적 교훈을 전달하는 도덕적 매체가 아니라, 대중의 욕망을 투영하고 새로운 유행과 가치관을 생산하는 '트렌드 메이커'로서의 지위를 획득했다. 또한 이들 작품이 보여준 감각적인 영상미와 보편적인 연애 서사는 국경을 넘어 아시아 전역의 젊은 세대에게 일본식 라이프스타일을 전파하는 문화적 촉매제 역할을 했다. 결과적으로 트렌디 드라마는 일본 대중문화가 지닌 세련미의 정점을 보여줌과 동시에, 현대인의 고독과 열망을 연애라는 틀을 통해 풀어낸 일본 드라마만의 독특한 미학적 성취로 평가받는다.

7-2-3 사회파 드라마와 현실 문제 반영

일본 드라마는 사회의 어두운 단면이나 부조리한 구조를 정면으로 응시하고 고발하는 '사회파' 장르에서 독보적인 강점을 보여왔다. 드라마가 단순한 허구를 넘어 공동체의 문제를 논의하는 공론장의 역할을 수행해 온 것이다. 그 대표적인 출발점으로 평가받는 TBS의 「3년 B반 긴파치 선생(3年B組金八先生)」(1979)은 학교라는 폐쇄된 공간을 통해 일본 사회의 병폐를 날카롭게 파헤쳤다. 이 작품은 청소년의 자살, 약물 오남용, 10대 임신과 교내 폭력 등 당시 기성세대가 외면하고 싶어 했던 민감한 이슈들을 사실적으로 묘사했다. 이를 통해 드라마는 교육 현장의 모순을 공론화하며 시청자들에게 강렬한 사회적 담론을 제시하는 장으로 기능할 수 있음을 입증했다.

이러한 사회파 장르의 전통은 2000년대 이후 '전문직 드라마'의 형식을 빌려 더욱 정교하게 발전했다. 과거의 드라마들이 개인의 감정이나 도덕성에 호소했다면, 최근의 작품들은 조직 내의 시스템과 구조적 부정부패를 파헤치는 데 집중한다. 2013년 방영된 「한자와 나오키(半沢直樹)」는 은행이라는 거대 조직의 내부 비리를 고발하며 일본 드라마사에 큰 획을 그었다. 조직의 이익을 위해 개인의 희생을 강요하는 기업 문화에 맞서 "당한 만큼 갚아준다"며 저항하는 주인공의 모습은, 일본 특유의 상명하복 조직 사회에 균열을 내고자 하는 대중의 갈망을 정확히 꿰뚫었다.

또한 의료 현장을 다룬 「고우노도리(コウノドリ)」(2015)와 같은 작품들은 전문직 드라마가 나아가야 할 새로운 방향을 제시했다. 이 드라마는 산부인과와 신생아과를 배경으로 생명 탄생의 경이로움을 다루는 동시에, 열악한 의료 환경과 낙태, 미성년자 출산 등 피할 수 없는 현실적 난제들을 담담하면서도 묵직하게 그려냈다. 이는 드라마가 단순히 직업적 성공이나 화려함을 선전하는 도구가 아니라, 인

간의 존엄성과 직업 윤리에 대한 근본적인 질문을 던지는 매체임을 보여주었다.

결과적으로 일본의 사회파 드라마는 학교, 직장, 병원 등 사회 곳곳의 현장을 무대로 삼아 일본 사회가 처한 구조적 결함과 개인이 마주한 실존적 위기를 끊임없이 환기해왔다. 이들 작품은 현실의 문제를 극화하여 대중에게 전달함으로써 사회적 자정 작용을 돕고, 드라마가 지닌 공공적 가치를 실현하는 데 중요한 역할을 수행하고 있다.

7-3 글로벌화와 일본 드라마의 확산

7-3-1 아시아 시장에서의 일본 드라마 열풍

1990년대 이후 일본 드라마는 아시아 전역에서 근대적 라이프스타일의 이정표 역할을 하며 폭발적인 인기를 끌었다. 「도쿄 러브 스토리」(1991)나 「롱 베케이션」(1996) 같은 트렌디 드라마는 당시 급격한 도시화를 겪으며 새로운 가치관을 탐색하던 한국, 대만, 중국 등 아시아 청년층에게 세련된 도심 생활의 감수성과 주체적인 연애관을 제시했다. 일본 드라마는 각국의 방송망을 타고 정식 수입되거나 팬덤에 의한 자발적 공유를 통해 '일드'라는 독자적인 장르명을 획득했으며, 이는 일본 대중문화가 아시아 시장 내에서 강력한 문화적 영향력을 확보하는 결정적인 계기가 되었다. 이 시기 형성된 두터운 마니아층은 이후 한일 간 대중문화 교류의 토대를 마련했으며, 일본식 드라마 문법이 아시아 전역의 콘텐츠 제작에 영감을 주는 기반이 되었다.

7-3-2 한일 드라마의 미학적 대조와 상호 융합

한국과 일본의 드라마는 각기 다른 미학적 특징을 지니면서도, 지속적인 교류와 리메이크를 통해 상호 성장을 견인해 왔다. 서술적 측면에서 한국 드라마가 감정의 분출과 역동적인 전개를 강조하는 이른바 '동적(Dynamic)'인 성격이 강하다면, 일본 드라마는 감정을 절제하고 인물의 내면이나 특정 직업의 세계관을 세밀하게 파헤치는 '정적(Static)'인 연출을 선호하는 경향이 있다. 한국 드라마가 갈등의 극대화를 위해 기억상실이나 복잡한 혈연관계 같은 극적인 장치들을 적극적으로 활용할 때, 일본 드라마는 소소한 일상의 발견이나 사회구조적 모순을 담담하게 그려내는 방식을 취하며 차별화된 매력을 보여주었다.

이러한 미학적 차이는 오히려 상대국의 콘텐츠를 재해석하는 리메이크의 동력이 되었다. 일본 만화 원작인 「꽃보다 남자」(일 2005, 한 2009), 교육 드라마 「드래곤 사쿠라」(일 2005, 한 2010 「공부의 신」), 가족의 해체를 다룬 「가정부 미타」(일 2011, 한 2013 「수상한 가정부」) 등이 한국에서 리메이크되어 큰 성공을 거두었다. 반대로 한국의 「그녀는 예뻤다」(한 2015, 일 2021)나 「시그널」(한 2016, 일 2018) 등이 일본에서 리메이크되어 현지 시청자들을 사로잡았다. 이러한 사례는 양국 드라마가 단순히 원작의 인기에 기대는 것이 아니라, 각국의 문화적 맥락에 맞게 서사를 변형하고 재구성하며 새로운 부가가치를 창출하는 고도의 문화적 상호작용임을 보여준다.

7-3-3 OTT 플랫폼의 부상과 글로벌 시장의 질적 전환

2010년대 이후 넷플릭스, 아마존 프라임 등 글로벌 OTT(Over-The-Top) 플랫폼의 확산은 일본 드라마의 유통 환경을 근본적으로 바꾸어 놓았다. 과거 일본 드라마는 내수 시장 중심의 폐쇄적인 저작권 관리와 지상파 방송사 위주의 경직된 편성 구조로 인해 해외 시장 진출에 상당한 제약이 따랐다. 그러나 국경 없는 스트리밍 시대가 열리면서 일본 드라마 특유의 장르적 개성과 날카로운 사회적 메시지는 전 세계 시청자와 실시간으로 만나게 되었다.

예를 들어 「한자와 나오키」(2013)와 같은 묵직한 사회파 드라마나 「도망치는 건 부끄럽지만 도움이 된다」(2016)와 같은 시대 반영적 작품들은 OTT를 통해 아시아를 넘어 서구권 시청자들에게도 일본 사회의 단면을 이해하는 중요한 창구가 되었다. 특히 플랫폼 자본의 투입은 기존의 전형적인 제작 방식에서 벗어나 소재의 다양성과 기술적 완성도를 높이는 기회를 제공하고 있다. 오늘날 일본 드라마는 단순히 아시아 시장의 강자에 머물지 않고, 고유의 서정성과 인간 소외에 대한 따뜻한 시선을 유지하며 세계적인 경쟁력을 확보하는 새로운 도전의 단계로 나아가고 있다.

✔ 제7장 핵심정리

- 일본 드라마의 출발점은 1940년 NHK 실험 방송 「저녁 전」으로, 가족 일상을 소재로 한 홈드라마의 원형을 제시함
- 1950~60년대 텔레비전 보급과 함께 아사도라와 대하드라마가 시작되어 국민적 장르로 자리 잡음
- 아사도라는 여성과 가족의 성장 서사를 통해 '아침의 습관'으로 정착, 대하드라마는 역사적 인물과 사건을 장기간 방영하며 국민적 역사극으로 발전
- 1970~80년대는 오사카 박람회와 아사마산장 사건 이후 '시라케 시대'의 정서를 반영, 학원·가족·사회 문제를 다룬 드라마가 황금기를 형성
- 「긴파치 선생」은 청소년 문제를 정면으로 다루며 학원 드라마의 새로운 전형을 확립, 「오싱」은 최고 시청률을 기록하며 사회적 신드롬을 일으킴
- 1980년대 후반~1990년대는 버블경제와 소비문화 속에서 트렌디 드라마가 등장, 도시적 감수성과 연애 서사로 아시아 전역에서 인기를 얻음
- 「도쿄 러브 스토리」, 「101번째 프로포즈」, 「롱 베케이션」은 세련된 라이프스타일과 주체적 여성상을 제시하며 사회적 공감을 획득
- 노지마 신지 작품군은 가족 붕괴, 학교 폭력 등 사회적 금기를 다루며 드라마의 비판적 성찰 기능을 강화
- 2000년대 이후 전문직 드라마가 정착, 「한자와 나오키」는 조직 사회의 부패를 고발하며 사회적 현상으로 발전
- 의료 드라마 「고우노도리」는 생명 존엄성과 의료 현실을 진지하게 탐구, 드라마의 공공적 가치 강조
- 동일본 대지진 이후 드라마는 사회적 치유와 연대의 메시지를 강화, 「도망치는 건 부끄럽지만 도움이 된다」는 새로운 가족·공동체 가능성을 제시
- OTT 플랫폼 확산으로 일본 드라마는 글로벌 시장에서 새로운 도전을 이어가며 세계적 경쟁력을 확보

✔ 교실활동 코너

1. 작품 분석 발표: 자신이 본 일본 드라마 중 한 작품을 선택하여 줄거리와 주요 메시지를 요약하고, 그 작품이 일본 사회의 어떤 문제나 가치관을 반영했는지 발표해보자. (예: 「오싱」의 가족 가치, 「한자와 나오키」의 조직 문화 비판 등)

2. 시대별 장르 비교 토론: 조별로 1960년대 아사도라·대하드라마, 1980년대 학원·가족 드라마, 1990년대 트렌디 드라마, 2000년대 이후 전문직 드라마를 나누어 각 장르의 특징과 사회적 맥락을 정리하고 발표해보자.
3. 한·일 드라마 비교 활동: 한국 드라마와 일본 드라마의 전개 방식, 인물 묘사, 사회적 메시지 등을 비교하여 차이점과 공통점에 대해서 토론해보자.(예: 「꽃보다 남자」, 「드래곤 사쿠라」 등의 리메이크 사례를 활용해 양국의 문화적 맥락을 분석)
4. 창의적 드라마 기획안 작성: 자신이 만들고 싶은 드라마를 기획하여 주제, 장르, 주요 인물, 사회적 메시지를 포함한 간단한 기획안을 작성하고 발표해보자.

문화 키워드 해설

- 아사도라(朝ドラ): NHK 아침 연속 TV 소설, 가족과 여성의 성장 서사를 통해 국민적 사랑을 받은 장르
- 대하드라마(大河ドラマ): 역사적 인물과 사건을 장기간 방영하는 NHK의 대표 장르, 국민적 역사극으로 발전
- 시라케 시대(しらけ時代): 1970년대 학생운동 몰락과 사회적 냉소 분위기를 반영한 시대, 드라마는 현실적 서사에 집중
- 트렌디 드라마(Trendy Drama): 1980년대 후반~1990년대 등장, 도시적 감수성과 연애 서사로 아시아 청년층의 공감을 획득
- 사회파 드라마: 학교·직장·병원 등 사회 현장을 무대로 구조적 문제와 인간의 위기를 고발하는 장르
- 전문직 드라마: 수사·의료·법조 등 특정 직업 세계를 사실적으로 묘사하며 사회적 메시지를 강화한 장르
- OTT 플랫폼: 글로벌 스트리밍 서비스 확산으로 일본 드라마가 세계 시장에 진출할 수 있는 새로운 유통 경로

제8장

일본 영화의 황금기와 장르 미학

제8장 일본 영화의 황금기와 장르 미학

8-1 일본 영화의 역사적 전개

8-1-1 영화의 도래와 초기 실험 (1890년대~1910년대)

일본 영화의 역사는 1897년 뤼미에르 형제의 시네마토그래프와 에디슨의 키네토스코프가 수입되면서 시작되었다. 초기 영화는 오늘날의 극영화와 달리 나고야역의 열차 도착, 교토 기온의 부채춤, 도쿄 신바시 거리의 풍경 등 일상적인 장면을 담아낸 기록물에 가까웠다. 당시 '활동사진(活動写真)'이라 불린 이 매체는 대중에게 이전에 경험하지 못한 새로운 시각적 충격을 안겨주었다. 특히 1899년 가부키 공연을 기록한 「단풍놀이(紅葉狩)」는 현존하는 가장 오래된 일본 영화로, 전통 예술인 가부키와 근대 기술인 영화가 조우한 상징적 장면을 보여준다.

이 시기 일본 영화의 가장 독특한 특징은 '변사(弁士)'의 존재였다. 서구 영화가 자막을 통해 서사를 전달했다면, 일본은 변사가 극장에 상주하며 영상의 흐름에 맞춰 해설과 대사를 생생하게 들려주는 방식을 취했다. 이는 일본인이 영화를 단순히 '눈으로 읽는 것'이 아니라 전통 공연처럼 '이야기로 듣는 것'으로 수용했음을 보여준다. 이로 인해 초기 영화는 가부키나 인형극(분라쿠)의 연극적 관습에서 완전히 벗어나지 못했고, 카메라는 무대를 정면에서 바라보는 관객의 시선에 고정된 채 연극적 연출을 재현하는 수준에 머물렀다. 비록 기술적으로는 서구의 산물이었으나, 그 운영 방식은 지극히 일본적인 전통 공연 양식을 계승한 '연극과 영화의 공존기'였다고 볼 수 있다.

8-1-2 영화산업의 정착과 스튜디오 시스템의 형성 (1910~1930년대)

1912년 닛카츠(日活), 1920년 쇼치쿠(松竹)의 설립은 일본 영화가 단순한 구경거리를 넘어 거대한 산업의 기틀을 마련한 결정적 사건이었다. 닛카츠는 평생 1,000편 이상의 영화를 제작하며 '일본 영화의 아버지'라 불린 마키노 쇼조 감독과 시대극의 대스타 오노에 마쓰노스케를 앞세워 대중적 인기를 독점했다. 반면, 쇼치쿠는 가마타 촬영소를 중심으로 미국식 할리우드 기법을 적극 도입하며 현대적인 '가마타 스타일'을 구축했다. 특히 쇼치쿠는 당시 관습이었던 여장 남자 배우(온나가타) 대신 실제 여성 배우를 기용함으로써 영화의 사실성을 획기적으로 높였다.

1920년대 후반에는 영화가 연극의 영향력에서 벗어나 독자적인 예술로 거듭나야 한다는 '순영화극운동(純映画劇運動)'이 전개되었다. 지식인과 젊은 영화인들은 변사의 해설에 의존하기보다 편집과 카메라 워크라는 영화 고유의 문법을 사용할 것을 주장했다. 이러한 변화는 1931년 고쇼 헤이노스케 감독의 「마담과 아내(マダムと女房)」라는 일본 최초의 유성영화(Talkie) 탄생으로 결실을 맺었다. 소리가 입혀진 영상은 무성영화 시대의 종언과 변사의 퇴장을 앞당겼으며, 영화가 시각과 청각이 결합한 종합 예술임을 대중에게 각인시켰다. 이 시기를 거치며 일본 영화는 제작, 배급, 상영이 일원화된 스튜디오 시스템을 확립하여 훗날 세계를 놀라게 할 황금기를 맞이할 준비를 마쳤다.

8-1-3 전시 체제와 영화의 통제 (1930~40년대)

1930년대 후반부터 일본 영화는 군국주의의 짙은 그림자 아래 놓이게 되었다. 중일전쟁과 태평양전쟁이 발발하자 국가 권력은 영화를 단순한 예술이 아닌, 국민을 선동하고 전쟁 동원을 정당화하기 위한 강력한 수단으로 간주했다. 결정적인 변곡점은 1939년 시행된 '영화법(映画法)'이었다. 이 법안은 시나리오 단계부터 엄격한 검열을 실시하고 영화 종사자들을 국가의 관리하에 두어, 예술적 자유를 억압하고 이른바 '국책 영화'라 불리는 선전 영화 제작을 강제했다.

이 시기 영화 산업은 효율적인 통제를 위해 급격히 재편되었는데, 1942년 수많은 중소 영화사들이 쇼치쿠, 도호, 다이에의 3사 체제로 강제 통합된 것이 대표적이다. 특히 도호는 쓰부라야 에이지를 중심으로 한 특수촬영(特撮) 기술을 비약적으로 발전시켰다. 「하와이·말레이 해전」(1942)과 같은 작품에서 선보인 정교한 미니어처 촬영 기법은 비록 전쟁 찬양을 목적으로 제작되었으나, 이때 축적된 기술력은 훗날 일본 영화의 전매특허가 된 '고질라' 시리즈나 SF 영화가 탄생할 수 있었던 소중한 자산이 되었다. 전시 체제는 영화의 사상을 억압한 암흑기였지만, 동시에 거대 자본과 기술이 집약된 대규모 기획이 시도된 모순적인 시기이기도 했다.

8-1-4 패전과 전후 영화의 민주화 (1945~1950년대 초)

1945년 패전 이후, 연합군 최고사령부(GHQ) 점령 하의 일본 영화계는 근본적인 체질 개선을 맞이했다. GHQ는 군국주의와 봉건적인 가치관을 타파하기 위해 칼싸움 위주의 시대극 제작을 엄격히 제한하는 대신, 민주주의의 가치와 개인의 자유를 찬양하는 영화 제작을 독려했다. 이 과정에서 영화인들의 노동조합 결성이 활발해졌고, 창작자들은 오랫동안 억눌렸던 예술적 열망을 마음껏 분출하기 시작했다. 비록 수입된 미국 영화가 시장의 상당 부분을 점유하며 거센 도전을 해왔으나, 일본 영화인들은 전쟁의 폐허 속에서도 새로운 시대정신을 담아낼 서사를 치열하게 고민했다.

이 시기 감독들은 전쟁의 상흔을 직시하고 사회적 책임을 묻는 작품들을 쏟아냈다. 기노시타 게이스케의 「오소네가의 아침(大曾根家の朝)」(1946)은 군국주의 시대에 탄압받던 한 가족의 모습을 통해 파시즘의 폭력성을 고발했고, 구로사와 아키라의 「우리 청춘의 후회는 없다(わが青春に悔なし)」(1946)는 전쟁의 광풍에 맞선 지식인 청년들의 고뇌와 투쟁을 그려내며 새로운 일본이 나아가야 할 길을 제시했다. 이러한 작품들은 영화가 단순한 오락을 넘어 패전 직후 혼란에 빠진 대중에게 민주적 자각과 희망을 전달하는 매체임을 보여주었다. 이러한 내부적 성찰과 제작 역량의 성숙은 곧이어 찾아올 '일본 영화의 황금기'를 여는 든든한 밑거름이 되었다.

8-2 일본 영화의 황금기 (1950~60년대)

8-2-1 전후 부흥과 국제적 주목

1950년대는 일본 영화가 전쟁의 상흔을 딛고 일어나 세계 영화사의 중심부로 당당히 진입한 기념비적인 시기였다. 패전 직후의 혼란기를 극복한 일본 영화 산업은 급속도로 회복되었으며, 1950년대 중반에 이르러서는 연간 500편에서 600편에 달하는 작품을 쏟아낼 만큼 전례 없는 호황기를 누렸다. 이는 당시 세계적으로도 찾아보기 힘든 비약적인 성장세였으며, 영화는 명실상부한 일본 최고의 대중 오락으로서의 위상을 굳혔다.

이 시기 일본 영화의 국제적 위상을 단숨에 드높인 결정적 사건은 1951년 구로사와 아키라 감독의 「라쇼몽(羅生門)」이 베네치아 국제영화제에서 최고상인 황금사자상을 수상한 것이었다. 하나의 사건을 서로 다른 시각으로 진술하는 이 작품의 혁신적인 구조와 강렬한 영상미는 서구 영화계에 거대한 충격을 안겨주었다. 이를 기점으로 일본 영화는 '이국적인 동양의 구경거리'라는 편견을 깨고, 보편적인 인간의 본성을 탐구하는 수준 높은 예술로서 인정받기 시작했다.

이어 구로사와 아키라는 「7인의 사무라이(七人の侍)」(1954)를 통해 액션 영화의 새로운 문법을 정립했다. 전쟁의 참혹함 속에서도 피어나는 인간애와 역동적인 전투 연출을 결합한 이 서사시는 훗날 할리우드에서 「황야의 7인」으로 리메이크되는 등 전 세계 감독들에게 영감을 주는 교과서가 되었다. 이러한 국제적 성과는 일본인들에게 패전으로 상처받았던 민족적 자긍심을 회복시켜 주는 계기가 되었으

며, 일본 영화가 내수용 오락을 넘어 세계적인 문화 브랜드로 도약하는 중대한 전환점이 되었다.

8-2-2 장르의 다양화와 대중적 확장

1950년대부터 60년대까지 일본 영화는 특정 장르에 국한되지 않고 멜로드라마, 시대극, 괴수영화, 청춘물 등 다채로운 영역에서 풍성한 결실을 맺었다. 이 시기 영화계는 대중의 폭넓은 기호를 충족시키는 동시에 각 장르만의 독특한 미학을 구축해 나갔다. 특히 멜로드라마는 전후 가족의 붕괴와 재건, 그리고 애틋한 사랑 이야기를 섬세하게 다루며 대중의 눈시울을 적셨고, 시대극은 정교한 고증과 현대적인 감각을 접목해 일본인의 정체성을 재확인하는 통로가 되었다.

특히 1954년 탄생한 「고질라(ゴジラ)」는 일본 영화사에서 장르적 창의성이 빛난 상징적 작품이다. 혼다 이시로 감독은 당시 일본 사회를 뒤흔들었던 핵전쟁의 공포와 방사능에 대한 불안을 '고질라'라는 거대 괴수로 형상화했다. 이는 단순한 괴물 이야기를 넘어 사회적 공포를 시각적 상징물로 치환하여 대중에게 전달한 독창적인 방식이었다. 「고질라」는 전례 없는 흥행 기록을 세우며 일본 대중문화의 고유한 장르인 '특촬물(특수촬영물)'의 시대를 열었으며, 오늘날까지 이어지는 세계적인 괴수 영화 팬덤의 시초가 되었다.

이처럼 장르의 다양화가 가능했던 이유는 영화가 당시 대중의 삶과 밀접하게 맞닿아 있었기 때문이다. 영화는 급변하는 사회상 속에서 사람들이 느끼는 불안과 희망을 포착해 냈고, 이를 오락적 장르로 승화시켜 대중과 호흡했다. 이러한 역동성은 일본 영화가 예술성과 상업성이라는 두 마리 토끼를 모두 잡을 수 있었던 핵심적인 동력이었으며, 훗날 일본 대중문화가 세계적으로 영향력을 발휘하는 든든한 기초 자산이 되었다.

8-2-3 스튜디오 시스템의 확립

이 시기 일본 영화 산업은 닛카츠, 쇼치쿠, 도호, 다이에, 그리고 신생사인 도에이와 신토호 등 주요 영화사를 중심으로 한 견고한 스튜디오 시스템을 확립했다. 영화사는 감독, 배우, 스태프를 전속으로 두고 자체 스튜디오에서 제작한 영화를 계열 영화관에서 독점 상영하는 수직 계열화 구조를 구축했다. 이러한 시스템은 막대한 자본 투입과 안정적인 배급을 보장하며 일본 영화가 산업적으로 거대하게 성장하는 토대가 되었다.

스튜디오마다 고유의 색깔을 지녔다는 점도 특징적이다. 쇼치쿠는 서민들의 애환을 담은 홈드라마에 강점을 보였고, 도호는 도시적인 코미디와 화려한 특수촬영물로 젊은 층을 공략했다. 비록 철저한 상업적 기획과 대량 생산 체제가 감독의 창의성을 억압한다는 비판도 있었으나, 구로사와 아키라, 오즈 야스지로, 미조구치 겐지 같은 거장들은 이 체제 안에서 각자의 예술적 세계를 완성해 나갔다. 이들은 전속 스태프들과 수년간 호흡을 맞추며 독창적인 미학을 연마했고, 이는 일본 영화의 질적 수준을 세계 최고로 끌어올리는 결정적 요인이 되었다.

8-2-4 사회적 맥락과 영화의 역할

1950~60년대 일본 영화는 단순한 오락을 넘어 전후 일본 사회의 가치관을 재정립하는 중요한 기제였다. 급격한 경제 성장과 서구화의 물결 속에서 영화는 일본인이 마주한 시대적 고뇌와 정체성을 탐구하는 매체로 기능했다. 구로사와 아키라는 인간의 존엄성과 정의에 대한 질문을 던졌으며, 오즈 야스지로는 해체되어가는 가족 관계를 섬세하게 묘사하며 변해가는 시대의 상실감을 조용히 응시했다.

또한 일본 영화의 국제적 성공은 문화 외교의 측면에서도 큰 역할을 수행했다. 주요 국제 영화제에서 거둔 성과는 전후 일본이 '문화 국가'로서 국제 사회에 복귀하는 중요한 발판이 되었다. 영화 속 풍경과 전통미는 해외 관객들에게 일본을 매력적인 문화적 공간으로 인식시켰으며, 이는 관광 산업과 국가 브랜드 강화로 이어졌다. 결국 이 시대의 영화는 일본인들에게는 자기 성찰의 거울이었고, 외부 세계에는 새로운 일본을 알리는 가장 강력한 홍보 수단이었던 셈이다.

8-3 일본 뉴웨이브와 1970년대 이후의 변화

8-3-1 일본 뉴웨이브의 등장 (1960년대)

1960년대 일본 영화계는 기존 스튜디오 시스템이 고수해온 정형화된 제작 방식과 보수적인 서사에 반기를 든 젊은 감독들을 중심으로 거대한 변화의 물결을 맞이했다. 이 흐름은 쇼치쿠 영화사에서 시작되었다고 하여 '쇼치쿠 누벨바그(松竹ヌーヴェルヴァーグ)'라 불렸

으며, 프랑스 누벨바그의 영향을 받았으나 그 내용은 일본적인 현실과 정치적 상황에 더욱 밀착되어 있었다. 그 선두에 선 오시마 나기사 감독의 「청춘잔혹이야기(青春残酷物語)」(1960)는 기성세대가 구축한 평화롭고 안정적인 사회의 이면에 감춰진 청년 세대의 불안과 폭력을 날카롭게 묘사하며 기존 멜로드라마의 틀을 완전히 깨뜨렸다.

이 시기 뉴웨이브 감독들은 성, 폭력, 권력의 부조리 같은 사회적 금기와 민감한 정치적 이슈를 영화의 전면에 내세웠다. 영화는 더 이상 아름다운 영상미를 보여주는 오락에 머물지 않고, 전후 일본 사회의 모순을 고발하고 토론하는 치열한 발언의 장이 되었다. 이러한 경향은 하니 스스무, 시노다 마사히로, 요시다 기주 등 젊은 기수들에 의해 확장되었으며, 영화가 시대적 아픔과 정치적 억압을 담아내는 날카로운 비판의 도구로 자리매김하게 만들었다. 이는 일본 영화가 고전적인 미학에서 벗어나 현대적인 작가주의를 확립하는 중요한 분기점이 되었다.

8-3-2 영화 인구 감소와 산업 구조의 위기 (1970~80년대)

1970년대에 접어들며 일본 영화 산업은 유례없는 대위기에 직면했다. 텔레비전 보급률이 급격히 상승하면서 사람들은 영화관 대신 안방 극장을 찾기 시작했고, 1960년대 초반 연간 10억 명을 상회하던 관객 수는 1980년대에 이르러 1억 6천만 명 수준으로 급감했다. 관객의 이탈은 곧 자본력을 바탕으로 한 거대 스튜디오 시스템의 붕괴로 이어졌다. 1971년 다이에이(大映)의 도산과 전통의 강자였던 닛카츠(日活)의 심각한 경영 악화는 당시 영화계가 처한 혹독한 현실을 상징하는 사건이었다.

이러한 생존의 위기 속에서 닛카츠는 1971년부터 '로망 포르노'라는 이름의 저예산 성인 영화 제작으로 활로를 모색했다. 비록 에로티시즘을 표방했으나, "10분에 한 번의 정사 장면"이라는 규칙만 지키면 나머지 연출은 감독에게 일임하는 파격적인 제작 환경 덕분에 재능 있는 신인 감독들이 실험적인 연출력을 기르는 등용문이 되기도 했다. 그러나 산업 전체적으로 볼 때 이 시기는 할리우드 대작(블록버스터)을 앞세운 외화에 안방 시장을 내어주며 흥행 수입에서 크게 뒤처지는 등 일본 영화의 영향력이 급격히 위축된 침체기로 기록된다. 하지만 이 시련의 시기는 훗날 독립 영화와 애니메이션이 주류로 부상하는 필연적인 과도기적 배경이 되었다.

8-3-3 애니메이션 붐과 새로운 활력 (1980년대)

1980년대 일본 영화계는 실사 영화의 극심한 침체 속에서도 애니메이션이라는 새로운 돌파구를 통해 활력을 되찾았다. 특히 1985년 스튜디오 지브리의 설립과 미야자키 하야오의 등장은 애니메이션을 아동용 콘텐츠에서 전 세대가 향유하는 수준 높은 예술 장르로 격상시켰다. 「이웃집 토토로(となりのトトロ)」(1988), 「마녀 배달부 키키(魔女の宅急便)」(1989) 등은 일본의 서정적인 풍경 위에 인간과 자연의 공존, 성장이라는 보편적인 메시지를 입혀 국내외에서 폭발적인 인기를 얻었다.

이러한 애니메이션의 도약은 실사 영화가 기술적·자본적 한계로 구현하지 못했던 상상력을 스크린에 실현하며 일본 영화의 새로운

경쟁력이 되었다. 애니메이션은 단순히 상영 수입에 그치지 않고 캐릭터 상품화, 관광 산업, 글로벌 유통망 확대로 이어지며 일본 대중문화 산업의 중추적인 축으로 자리 잡았다. 1990년대 후반「원령공주(もののけ姫)」(1997)가 실사 영화의 흥행 기록을 모두 갈아치운 사건은, 일본 영화의 주도권이 애니메이션으로 완전히 이동했음을 상징하는 문화적 이정표였다.

8-3-4 독립 감독과 국제 영화제의 부상 (1990년대 이후)

1990년대 이후 일본 영화는 대형 스튜디오의 거대 자본보다는 감독 개인이 지닌 독창적인 미학, 즉 '작가주의' 영화들이 국제 무대에서 다시금 조명받기 시작했다. 대표적인 인물이 기타노 다케시이다. 폭력과 정적이 교차하는 독특한 스타일을 선보인 그의 작품「하나비(HANA-BI)」(1997)는 베네치아 국제영화제 황금사자상을 수상하며, 일본 영화가 지닌 예술적 저력을 세계에 재확인시켰다. 같은 해 이마무라 쇼헤이의「우나기(うなぎ)」(1997) 또한 칸 영화제 황금종려상을 거머쥐며 일본 영화의 황금기 이후 제2의 전성기가 도래했음을 알렸다.

한편, 실사 영화와 애니메이션의 경계를 허무는 철학적 시도들도 이어졌다. 오시이 마모루의「공각기동대(GHOST IN THE SHELL/攻殻機動隊)」(1995)는 사이버펑크 세계관을 통해 인간의 정체성과 기술 문명의 본질을 탐구하며 전 세계 SF 영화계에 지대한 영향을 미쳤다. 이 시기의 성취는 일본 영화가 거대 시스템의 붕괴 이후, 오히려 개별 창작자들의 자유로운 상상력과 철학적 깊이를 바탕으로 장르적 다양성을 확보했음을 보여준다.

8-3-5 2000년대 이후의 흐름과 과제

2000년대 이후 일본 영화는 고레에다 히로카즈와 이와이 슌지 등 일상적 소재를 섬세한 필치로 그려내는 감독들에 의해 새로운 감수성을 정립했다. 특히 고레에다 히로카즈는 「어느 가족(万引き家族)」(2018)으로 칸 영화제 황금종려상을 수상하며, 현대 일본 사회의 소외된 이면과 가족의 진정한 의미를 묻는 사회 비판적 서사로 세계적인 거장의 반열에 올랐다. 또한 하마구치 류스케 같은 신진 기수들이 등장하며 일본 영화의 예술적 전통을 이어가고 있다.

그러나 이러한 예술적 성취 이면에는 해결해야 할 구조적 과제도 산재해 있다. 최근 일본 영화계는 흥행이 보장된 유명 만화의 실사화나 아이돌 스타를 앞세운 마케팅 중심의 기획이 범람하면서, 창의적인 오리지널 각본이 설 자리를 잃어가고 있다는 비판에 직면해 있다. 특히 중규모 예산 영화의 제작 위축은 영화 산업의 허리를 약화시키는 요인이 되고 있다. 넷플릭스 등 글로벌 OTT 플랫폼의 확산이 자본 투여와 해외 진출의 통로가 되어주는 긍정적인 측면도 있으나, 일본 영화가 고유의 활력을 되찾기 위해서는 철저한 자기 복제에서 벗어나 사회를 향한 날카로운 시선과 실험적인 작가 정신을 회복해야 한다는 목소리가 높다.

✔ 제8장 핵심정리

- 일본 영화는 1897년 뤼미에르 형제의 시네마토그래프와 에디슨의 키네토스코프 도입으로 시작, 초기에는 기록물 성격이 강했으며 '변사(弁士)'의 해설을 통해 전통 공연과 결합된 독특한 수용 방식을 형성함
- 1910~30년대 닛카츠·쇼치쿠 설립으로 영화산업이 정착, '순영화극운동'을 통해 연극적 관습에서 벗어나 독자적 예술로 발전, 1931년 「마담과 아내」로 유성영화 시대 개막
- 1939년 영화법 시행 이후 전시 체제에서 영화는 국가 선전 도구로 활용, 도호의 특수촬영 기술 발전은 훗날 괴수영화·SF영화의 기반이 됨
- 패전 후 GHQ 점령기에는 민주화와 노조 결성, 미국영화 유입으로 영화산업이 재편, 기노시타·구로사와 등 감독들이 전쟁의 상흔과 민주주의 가치 탐구
- 1950~60년대는 일본 영화의 황금기로, 구로사와 아키라의 「라쇼몽」과 「7인의 사무라이」가 국제적 성과를 거두며 일본 영화의 세계적 위상 확립
- 「고질라」(1954)는 핵전쟁 공포를 괴수로 형상화하며 특촬물 장르를 개척, 대중성과 사회적 메시지를 결합한 상징적 작품으로 자리매김
- 스튜디오 시스템 확립으로 닛카츠·쇼치쿠·도호·다이에 등이 제작·배급·상영을 일원화, 영화산업의 대규모 성장과 장르 다양화 촉진
- 1960년대 일본 뉴웨이브는 오시마 나기사 등 젊은 감독들이 사회적 금기와 정치적 이슈를 다루며 영화의 사회비판 기능 강화
- 1970~80년대는 TV 보급으로 영화관 관객 급감, 스튜디오 시스템 붕괴, 닛카츠 로망 포르노 등장으로 산업 위기 심화
- 1980년대 이후 스튜디오 지브리와 미야자키 하야오의 애니메이션 붐이 일본 영화의 새로운 활력을 제공, 애니메이션이 국제적 경쟁력 확보
- 1990년대 이후 기타노 다케시·이마무라 쇼헤이·오시이 마모루 등 독립 감독과 애니메이션이 국제 영화제에서 성과를 거두며 일본 영화의 제2의 전성기 도래
- 2000년대 이후 고레에다 히로카즈의 「어느 가족」 등 사회적 메시지를 담은 작품이 세계적 호평을 받았으나, 아이돌 스타 중심 캐스팅·만화 실사화 범람 등 구조적 문제 지속
- OTT 플랫폼 확산은 일본 영화의 글로벌 진출에 새로운 기회를 제공, 오리지널 각본과 사회적 비판 기능 강화가 과제로 남음

✔ 교실활동 코너

1. 시대별 대표작 분석: 8-1~8-3에서 다룬 시대별 대표작(예: 「라쇼몽」, 「고질라」, 「청춘잔혹이야기」, 「원령공주」, 「어느 가족」 등)을 선택하여 줄거리와 사회적 맥락을 분석하고 발표해보자.
2. 감독 연구 발표: 조별로 구로사와 아키라, 오즈 야스지로, 미조구치 겐지, 기타노 다케시, 고레에다 히로카즈 등 거장 감독을 선정해 작품 세계와 사회적 메시지를 정리해보자.
3. 산업 구조 토론: 스튜디오 시스템, 로망 포르노, 애니메이션 붐, OTT 플랫폼 등 일본 영화산업의 구조적 변화를 토론하고, 한국 영화산업과 비교하여 차이점과 공통점을 도출해보자.
4. 창의적 영화 기획안 작성: 자신만의 영화 기획안을 작성하여 주제, 장르, 사회적 메시지를 포함한 간단한 시놉시스를 발표해보자.

문화 키워드 해설

- 변사(弁士): 무성영화 시대 극장에서 해설과 대사를 담당한 인물, 일본 영화의 독특한 수용 방식
- 순영화극운동(純映画劇運動): 영화가 연극적 관습에서 벗어나 독자적 예술로 발전해야 한다는 운동
- 영화법(映画法): 1939년 시행된 법으로 영화 제작을 국가 통제 아래 두어 선전영화 제작을 강제
- 특촬물(特撮物): 특수촬영을 활용한 장르, 「고질라」로 대표되며 사회적 불안을 오락적 장르로 전환
- 스튜디오 시스템: 영화사가 감독·배우·스태프를 소속으로 두고 제작·배급·상영을 일원화한 산업 구조
- 뉴웨이브(ヌーヴェルヴァーグ): 1960년대 일본 영화의 새로운 흐름, 사회적 금기와 정치적 이슈를 다룸
- 로망 포르노: 닛카츠가 1970년대 침체기에 제작한 저예산 성인 영화, 신인 감독들의 등용문 역할
- OTT 플랫폼: 넷플릭스·아마존 프라임 등 글로벌 스트리밍 서비스, 일본 영화의 해외 진출에 새로운 기회 제공

제9장

일본 대중문학의 지형도와 한국 수용

제9장 일본 대중문학의 지형도와 한국 수용

9-1 일본 대중문학의 형성과 전개

9-1-1 근대 문학의 성립과 대중 독자층의 형성

일본 대중문학의 산업적 원형은 에도 시대의 '게사쿠(戯作, 오락용 소설)'와 발달한 목판 인쇄 문화에서 그 뿌리를 찾을 수 있다. 그러나 현대적 의미의 대중문학은 메이지 유신 이후 전개된 급격한 사회 변혁 및 매체 혁명과 궤를 같이한다. 19세기 말 서구 근대 소설의 유입은 일본 문학에 '언문일치(言文一致)'라는 근본적인 문체 혁신을 요구했다. 후타바테이 시메이의 「뜬구름(浮雲)」(1887)은 일상적인 구어체를 활용해 근대인의 불안과 복잡한 내면을 묘사한 효시로 평가받으며, 문학이 한학(漢學) 지식을 갖춘 소수 지식인의 전유물에서 벗어나 일반 대중의 언어로 다가가는 결정적 계기를 마련했다.

20세기 초 산업화와 도시화가 가속화되면서 문학을 향유하는 새로운 주체로서 '대중'이 본격적으로 부상했다. 국가 주도의 의무 교육 확대로 문해율이 비약적으로 높아졌고, 이는 문학을 소비할 수 있는 거대한 잠재적 시장을 형성했다. 특히 이 시기 비즈니스 모델로 정착한 신문과 잡지는 소설을 판매 전략의 핵심 콘텐츠로 채택했다. 1890년대 등장한 '가정 소설' 열풍은 여성과 청년층을 새로운 독자로 끌어들였으며, 문학은 이제 서재 안의 예술을 넘어 거실과 거리에서 소비되는 일상적 오락으로 변모했다.

그 중심에 있었던 오자키 고요의 「금색야차(金色夜叉)」(1897)는 신문 연재소설이 가진 파급력을 증명한 상징적 사건이었다. 황금만능주의와 배신, 엇갈린 연애라는 지극히 통속적인 소재를 다룬 이 작품은 연재 당시 독자들이 다음 회차를 기다리며 신문사 앞에 줄을 설 정도로 폭발적인 반응을 이끌어냈다. 이는 문학이 고답적인 예술적 가치에만 머물지 않고, 대중의 세속적인 욕망과 시대적 정서를 포착하여 불특정 다수와 소통하는 '대중 서사'로 완전히 진화했음을 의미한다. 결과적으로 근대 초기의 이러한 변화는 문학을 종교나 철학의 하위 범주가 아닌, 출판 산업의 거대한 축으로 자립시키는 원동력이 되었다.

9-1-2 순문학과 대중소설의 분화와 정착

일본 근대 문학의 지형도에서 가장 독특하면서도 중요한 현상은 예술성을 지향하는 '순문학(純文学)'과 오락성을 우선시하는 '대중소설'의 명확한 이분법적 구도이다. 1920년대에 접어들며 이러한 분화는 더욱 가속화되었는데, 특히 1923년 발생한 관동대지진은 결정적인 분수령이 되었다. 대재앙 이후 극심한 사회적 불안에 빠진 대중은 난해한 심리 묘사나 철학적 탐구보다는, 당장의 위로와 카타르시스를 제공하는 역사 소설과 통속적인 서사에 열광했다.

이에 위기감을 느낀 아쿠타가와 류노스케와 같은 주류 문인들은 '예술로서의 소설'을 가벼운 '상업적 읽을거리'와 엄격히 구분 짓고자 했다. 이들은 작가를 고귀한 예술 정신을 추구하는 '소설가'와 대중의 취향에 영합하는 '대중문예가'로 서열화하며 순문학의 성역을 구축하려 했다. 하지만 이러한 문단의 배타적인 태도는 오히려 대중소설이 자본력과 시장성을 바탕으로 독자적인 장르 정체성을 확립하고, 거대한 출판 산업으로 자립하는 역설적인 결과를 낳았다.

이 시기 대중문학의 확산을 완성한 것은 1926년 시작된 '엔본(円本)' 전집 붐이었다. 개조사(改造社)를 필두로 여러 출판사가 단돈 1엔이라는 파격적인 가격에 세계문학이나 현대문학 전집을 보급하면서, 책은 더 이상 고급스러운 사치품이 아닌 누구나 소유할 수 있는 보편적인 소비재가 되었다. 거대 출판 자본과 신문·잡지 등 매스미디어의 유기적인 결합은 대중소설의 대량 생산과 대량 소비 체제를 공고히 했다. 결과적으로 이 시기 정립된 순문학과 대중소설의 긴장 관계는 일본 문학이 예술적 실험과 상업적 성취라는 두 영역을 동시에 발전시키며, 세계적으로 유례를 찾기 힘든 풍성한 대중문학의 토양을 일구는 든든한 밑거름이 되었다.

9-1-3 전후 출판과 중간소설의 탄생

패전 이후 일본 출판계는 순문학의 예술성과 대중소설의 통속성이라는 이분법적 구도가 서서히 무너지는 거대한 전환기를 맞이했다. 오랜 전쟁 기간 동안 억눌렸던 표현의 자유가 회복되자, 극심한 문화적 결핍 상태에 놓여 있던 대중은 현실의 고통을 잊게 해줄 새로운 정서적 탈출구를 찾기 시작했다. 이러한 폭발적인 수요는 전후 출판 시장의 유례없는 팽창으로 이어졌으며, 출판사들은 생존과 성장을 위해 기존의 문학적 경계를 허무는 파격적인 시도를 감행했다.

출판사들이 선택한 새로운 전략은 바로 대중적 인지도가 높은 순문학 작가들에게 엔터테인먼트 요소를 갖춘 소설을 의뢰하는 것이었다. 작가들 역시 생계 유지와 더불어 더 넓은 층의 독자와 소통하고자 하는 갈망을 느끼며 이를 적극 수용했다. 이러한 배경 속에서 순문학의 문학적 깊이와 대중소설의 서사적 재미를 절묘하게 결합한 '중간소설(中間小說)'이라는 일본 특유의 독자적인 장르가 탄생했다.

출판사들은 대중적 인지도가 높은 순문학 작가들에게 엔터테인먼트적 재미를 갖춘 소설을 의뢰했고, 작가들 역시 엄숙주의에서 벗어나 더 넓은 층의 독자와 소통하고자 이 제안을 적극적으로 수용했다. 순문학의 깊이 있는 주제 의식과 대중소설의 속도감 있는 서사를 절묘하게 결합한 이 장르는, 1950~60년대 고도 경제 성장기를 거치며 도시 직장인과 주부층 사이에서 하나의 거대한 사회적 현상으로 자리 잡았다.

중간소설은 단순한 소모적 오락물을 넘어, 변화하는 가족 관계나 직장 내의 갈등, 현대인의 실존적 소외 등 당대 일본인이 직면한 일상의 고민을 정밀하게 투영했다. 이러한 문학적 전통은 훗날 미스터리, SF, 호러 등 일본의 장르 문학이 단순한 오락 수준을 넘어 높은 문학적 완성도를 갖추게 된 비옥한 토양이 되었다. 오늘날 전 세계적으로 사랑받는 일본 장르 소설의 탄탄한 서사와 깊이 있는 통찰은 바로 이 중간소설 시기에 다져진 기술적 자산에서 비롯된 것이라 해도 과언이 아니다.

9-1-4 라이트 노벨과 미디어 믹스의 확산

1970년대 후반부터 태동한 '라이트 노벨(Light Novel)'은 현대 일본 대중문학이 영상 및 디지털 산업과 어떻게 유기적으로 공생하는지를 보여주는 가장 역동적인 지표이다. 애니메이션풍의 삽화를 전면에 내세운 이 장르는 10~20대 젊은 독자들의 서브컬처적 감수성과 시각문화에 최적화된 서사 방식을 도입하며 급성장했다. 초기에는 만화적 상상력을 텍스트로 옮긴 가벼운 읽을거리로 치부되기도 했으나, 점차 판타지, 이세계물, SF 등 장르적 경계를 자유롭게 넘나들며 독자적인 문학적 영역을 구축하는 데 성공했다.

라이트 노벨의 진정한 가치는 단순히 '읽는 책'에 머무는 것이 아니라, 애니메이션, 만화, 게임 등으로 무한히 확장되는 '미디어 믹스(Media Mix)' 전략의 핵심 원천 콘텐츠(IP)로 기능한다는 점에 있다. 하나의 매력적인 세계관이 텍스트를 통해 독자들에게 검증되면, 이를 기반으로 다양한 매체가 동시에 개발되어 부가가치를 극대화하는 선순환 구조가 정착된 것이다.

오늘날 라이트 노벨은 종이 매체 기반의 전통 문학이 디지털 시각문화 시대에 어떻게 생존하고 진화할 수 있는지를 보여주는 이정표적 사례이다. 이는 일본 대중문학이 고정된 텍스트의 틀을 깨고 시대의 변화에 발맞춰 다른 매체와 유연하게 융합하며 생명력을 이어가는 강력한 역동성을 상징한다. 이러한 혁신적인 서사 전략은 일본 대중문학이 자국 시장의 한계를 넘어 전 세계 MZ 세대를 동시에 공략할 수 있는 독보적인 글로벌 경쟁력을 확보하는 근간이 되었다.

9-2 일본 대중문학의 주요 장르와 대표 작가들

9-2-1 장르의 다양화와 사회적 맥락의 심화

일본 대중문학이 오늘날과 같은 방대한 지형도를 갖추게 된 것은 단순히 상업적 성공 때문만이 아니라, 급변하는 시대적 파고 속에서 대중이 느끼는 불안과 욕망을 각 장르가 효과적으로 흡수해 왔기 때문이다. 청춘소설과 연애소설은 고도성장기 이후 물질적 풍요 속에서 오히려 정신적 고립을 경험하던 젊은 세대의 내면을 파고들었다. 가타야마 교이치의 「세상의 중심에서 사랑을 외치다(世界の中心で、愛をさけぶ)」(2001)가 일으킨 '순애 열풍'은 지극히 개인적인 슬픔이 어떻게 사회적 치유의 기제가 될 수 있는지를 보여주었으며, 오쿠다 히데오의 작품들은 유머러스한 필치로 현대인의 정신적 강박을 꼬집으며 일상의 해방감을 선사했다.

특히 추리소설은 일본 대중문학의 가장 견고한 성채와 같다. 에도 시대의 재판 기록이나 범죄 사건을 다룬 '사건 기록물'에서 뿌리를 찾아 메이지 시대 서구 추리물의 번안 과정을 거쳐 확립된 이 장르는, 크게 두 갈래의 독보적인 흐름으로 진화했다. 첫째는 트릭의 해결과 논리적 지적 유희를 극대화한 '본격파(本格派)'로, 에도가와 란포로부터 시작되어 독자에게 수수께끼 풀이의 쾌감을 제공한다. 둘째는 범죄의 이면에 숨겨진 사회의 구조적 악과 모순을 날카롭게 고발하는 '사회파(社会派)'로, 마쓰모토 세이초 등에 의해 확립되어 문학에 사회비판적 무게감을 더했다.

9-2-2 거장들의 발자취와 독창적인 서사 세계

현대 일본 대중문학의 위상은 장르의 문법을 새로 쓴 거장들에 의해 유지되어 왔다. 역사소설의 대부로 불리는 요시카와 에이지는 「미야모토 무사시(宮本武蔵)」를 통해 패전 이후 실의에 빠진 일본인들에게 인격 수양과 극기라는 도덕적 지표를 제시하며 국민적 서사를 완성했다. 그의 문학적 동료이자 라이벌이었던 나오키 산주고는 날카로운 비판 정신이 담긴 시대소설로 대중을 매료시켰으며, 그의 사후 제정된 '나오키상'은 지금까지도 대중문학이 지향해야 할 예술적 표준을 제시하는 상징적 지표로 기능하고 있다.

추리소설 분야에서 에도가와 란포의 존재감은 절대적이다. 그는 기괴하고 환상적인 탐정 소설을 통해 일본식 미스터리의 미학적 원형을 구축했을 뿐만 아니라, 어린이들을 위한 소설을 통해 세대를 아우르는 독자층을 형성했다. 또한 다니자키 준이치로는 통속적인 치정과 풍속이라는 소재를 탐미주의적인 고전적 문체로 녹여내어, '무엇을 쓰느냐'보다 '어떻게 쓰느냐'가 대중문학의 수준을 결정함을 증명했다.

현대적 감수성의 정점에는 무라카미 하루키가 서 있다. 그는 세련된 서구적 취향과 전후 세대의 허무주의를 결합한 독특한 문체로 일본 문학을 '글로벌 브랜드'의 반열에 올렸다. 이어 현대 미스터리의 제왕이라 불리는 히가시노 게이고는 치밀한 트릭이라는 장르적 쾌감 속에 인간의 보편적인 휴머니즘과 날카로운 사회적 메시지를 조화롭게 녹여내며 가장 대중적인 서사의 진면목을 보여준다. 그는 「용의자

X의 헌신(容疑者Xの献身)」이나 「방황하는 칼날(さまよう刃)」 등을 통해 법의 테두리 밖에서 일어나는 비극과 그 속에서 고뇌하는 인간 군상을 입체적으로 그려냈다. 이러한 그의 필력은 장르 문학이 단순히 수수께끼 풀이에 그치지 않고 인간의 본성을 탐구하는 깊이 있는 매체가 될 수 있음을 증명했다.

사회파 미스터리의 대표적인 작가인 미야베 미유키 또한 일본 사회의 이면을 정면으로 응시한다. 그는 「화차(火車)」에서 신용불량과 개인 파산의 비극을, 「모방범(模倣犯)」에서는 현대인의 소외와 묻지마 범죄라는 어두운 그림자를 치밀하게 추적한다. 미야베 미유키의 작품들은 단순히 범인을 잡는 과정에 집중하기보다, '왜 그런 범죄가 일어날 수밖에 없었는가'라는 사회 구조적 원인을 파고듦으로써 대중소설이 가질 수 있는 사회비판적 기능을 한층 끌어올렸다는 평가를 받는다.

마지막으로 무라카미 하루키는 세련된 서구적 감수성과 전후 세대의 공허함을 결합한 독특한 문체로 일본 문학을 글로벌 브랜드의 반열에 올렸다. 그의 출세작인 「노르웨이의 숲(ノルウェイの森)」(1987)은 청춘의 아련한 사랑과 피할 수 없는 상실을 섬세하게 그려내며 전 세계적인 '하루키 현상'을 일으킨 기폭제가 되었다. 이어 발표한 「해변의 카프카」(2002)는 소년의 성장담에 일본의 신화적 상상력을 덧입힌 기묘하고도 매혹적인 서사로 대중과 평단의 찬사를 동시에 받았다. 한편, 현실과 비현실의 경계를 허무는 거대한 서사 실험으로서, 사랑·종교·권력·폭력 같은 현대 사회의 모순을 환상적 장치와 결합해 풀어낸 「1Q84」(2009)는 현대 문학이 도달할 수 있는 대중적 상상력의 정점을 보여주었다는 평가를 받는다.

그의 작품 속에 끊임없이 등장하는 재즈, 클래식 음악, 그리고 정갈한 요리와 같은 일상적 요소들은 단순한 소품이 아니라 현대 도시인의 고독한 취향을 대변하는 상징물로 기능하며 국경을 넘어 전 세계 독자들과 깊은 공감대를 형성한다.

9-2-3 산업적 파급력과 글로벌 네트워크의 형성

일본 대중문학이 지닌 진정한 저력은 텍스트의 성취를 넘어 이를 뒷받침하는 정교하고 강력한 산업적 시스템에서 나온다. 가장 상징적인 요소는 일본 특유의 권위 있는 문학상 제도이다. 순문학을 대상으로 하는 '아쿠타가와상'과 대중문학의 정점을 가리는 '나오키상'은 매년 두 차례 일본 사회 전역의 이목을 집중시킨다. 수상작이 발표되는 순간 주요 일간지의 1면을 장식하고 서점가에는 별도의 특별 코너가 마련되는 등 국가적 이벤트로 치러진다. 이러한 시스템은 작가에게는 최고의 명예를, 출판 시장에는 검증된 베스트셀러를 제공하며 대중문학이 저급한 오락물로 전락하지 않고 꾸준히 질적 수준을 유지하며 사회적 담론을 형성하는 강력한 자정 작용을 수행한다.

또한, 일본 대중문학은 현대 콘텐츠 산업의 핵심 동력인 '미디어 믹스(Media Mix)' 전략의 가장 강력한 원천 지식재산권(IP)으로 기능한다. 하나의 소설이 대중적인 성공을 거두면 즉시 영화와 드라마로 제작되고, 이는 다시 애니메이션이나 게임, 캐릭터 상품으로 무한히 확장되며 콘텐츠의 생명력을 극대화한다. 히가시노 게이고의 추리 소설이 영상화되어 다시 원작 소설의 판매량을 견인하거나, 라이트 노벨이 애니메이션 시장의 거대한 줄기를 형성하는 선순환 구조는 일본 대중문화가 지닌 산업적 유연성을 잘 보여준다.

이러한 산업적 성취는 국경을 넘어 글로벌 네트워크, 특히 한국 시장에서 독보적인 위상을 점유하고 있다. 1990년대 무라카미 하루키가 일으킨 '하루키 신드롬' 이후, 일본 대중문학은 한국 서점가의 베스트셀러 순위를 상시 점유하는 핵심 장르가 되었다. 최근에는 히가시노 게이고, 미야베 미유키를 필두로 한 장르 소설뿐만 아니라 고레에다 히로카즈 같은 거장 감독들의 원작 소설에 이르기까지 그 영역이 더욱 넓어지고 있다. 이는 한일 양국의 독자들이 도시적 고독, 가족의 해체, 사회적 부조리라는 현대 사회의 공통적인 문제의식과 감수성을 긴밀하게 공유하고 있음을 증명한다. 결국 일본 대중문학은 단순한 외래 문화를 넘어, 동시대를 살아가는 동아시아인들의 내면을 치유하고 자극하는 보편적인 문화적 교류의 가교이자 강력한 글로벌 문화 산업의 모델로서 기능하고 있다.

9-3 한국에서의 일본 대중문학 수용과 영향

9-3-1 번역과 출판을 통한 초기 수용과 시대적 공명

한국 사회에서 일본 대중문학이 본격적으로 수용되기 시작한 시점은 1980년대 후반에서 1990년대 초반에 걸쳐 있다. 이 시기는 한국 사회가 고도의 경제 성장을 거치며 민주화와 개방화의 길로 접어들던 격변기였으며, 1998년부터 시작된 일본 대중문화 개방 정책은 이러한 흐름에 기폭제 역할을 했다. 특히 무라카미 하루키의 「노르웨이의 숲」은 1990년대 한국 대학생과 젊은 지식인 계층 사이에서 가히 폭발적인 인기를 끌며 이른바 '하루키 신드롬'을 일으켰다.

하루키의 작품이 한국에서 거둔 성공은 단순한 외국 문학의 유행을 넘어선 현상이었다. 이는 거대 담론과 이념의 시대가 저물고 개인의 취향과 내면의 상실감이 중요해진 한국 청년층의 정서적 변화를 정확히 관통했기 때문이다. 출판사들은 이러한 시장의 요구를 읽어내어 일본의 베스트셀러들을 실시간으로 번역하고 출간하는 기민함을 보였으며, 이는 한국 출판계에 장르의 다양성을 확보하고 대중문학의 상업적 성공 모델을 정립하는 중요한 계기가 되었다. 결국 초기 일본 문학의 유입은 일본의 문화를 일방적으로 소비하는 단계를 넘어, 한국 사회가 처한 시대적 공허함을 공유하고 치유하는 문화적 코드로 자리 잡는 과정이었다.

9-3-2 장르별 수용의 심화와 독자층의 다변화

1990년대의 하루키 열풍이 정서적 공감에 기반했다면, 2000년대 이후의 수용 양상은 추리, 사회파 소설, 라이트 노벨 등 장르별로 더욱 세분화되고 전문화되는 경향을 보였다. 특히 히가시노 게이고의 「용의자 X의 헌신」과 「나미야 잡화점의 기적」은 한국에서 수백만 부가 판매되는 밀리언셀러로 등극하며 일본식 미스터리의 대중화를 이끌었다. 히가시노 게이고의 작품들이 지닌 정교한 논리 구조와 그 기저에 깔린 인간적인 따스함은 한국 독자들에게 장르 문학이 줄 수 있는 지적 충족감을 선사했다.

사회파 미스터리의 거장 미야베 미유키의 활약 또한 눈부셨다. 「화차」나 「모방범」과 같은 작품은 부동산 거품 붕괴, 과도한 개인 채무,

그리고 대상을 가리지 않는 불특정 다수를 향한 무차별 범죄 등 현대 일본 사회의 구조적 모순을 치밀하게 해부했다. 이는 놀랍게도 IMF 외환위기 이후 급격한 양극화와 신용 불량 문제 등 유사한 사회적 진통을 겪기 시작한 한국 독자들에게 강렬한 동질감과 시사점을 안겨주었다. 일본 사회의 병리 현상을 다룬 소설이 한국 독자들에게는 단순히 남의 나라 이야기가 아닌, 자신들이 직면한 현실을 비추는 거울로 작동한 것이다.

또한 에쿠니 가오리나 요시모토 바나나 등이 보여준 섬세한 청춘·연애 소설은 한국 젊은 여성 독자들의 감수성을 자극하며 '소확행'과 같은 라이프스타일 트렌드 형성에 간접적인 영향을 미치기도 했다.

나아가 2000년대 중반 이후 급격히 성장한 라이트 노벨 시장은 애니메이션 및 게임 문화와 결합하며 한국의 서브컬처 팬덤을 공고히 했다. 이는 기존의 문학 독자층과는 또 다른, 디지털 영상 문화에 친숙한 젊은 세대를 중심으로 한 새로운 독서 문화를 형성했다는 점에서 의의가 크다. 이처럼 장르별로 분화된 수용 양상은 일본 대중문학이 한국의 독서 시장에서 단순한 '수입품'이 아니라, 한국 대중의 일상과 고민에 깊숙이 밀착된 '생활 밀착형 문화'로 진화했음을 보여준다.

9-3-3 문화산업적 파급 효과와 매체의 확장

일본 대중문학의 유입은 단순한 읽을거리의 소비를 넘어 한국의 출판 및 영상 산업 전반에 체질 변화를 불러일으켰다. 먼저 출판 시장에서는 일본 소설의 성공 사례를 통해 '스테디셀러'와 '밀리언셀러'

의 비즈니스 모델이 공고해졌다. 일본의 베스트셀러를 선점하기 위한 출판사 간의 경쟁은 판권 시장을 활성화했으며, 이는 한국 출판계가 글로벌 콘텐츠의 흐름을 빠르게 파악하고 마케팅 전략을 고도화하는 계기가 되었다.

또한 일본 대중문학은 한국 영상 산업의 중요한 원천 콘텐츠(IP)로 기능해 왔다. 미야베 미유키의 소설을 원작으로 한 영화「화차」(2012)는 원작의 사회비판적 시각을 한국적 맥락으로 성공적으로 이식하여 호평을 받았으며, 히가시노 게이고의 여러 작품 또한 드라마나 영화로 각색되며 한국 대중에게 친숙하게 다가갔다. 이러한 '원작 소설의 영상화' 붐은 종이 매체의 문학이 시각 매체와 결합하여 어떻게 생명력을 연장하고 새로운 부가가치를 창출할 수 있는지를 명확히 보여주었다. 나아가 양국 독자들은 서로의 사회적 정서와 시대적 아픔을 간접적으로 체험하게 되었으며, 이는 한일 간의 문화적 거리를 좁히고 상호 이해를 촉진하는 매개체 역할을 수행했다.

9-3-4 한국 독자의 수용 방식과 비판적 성찰

한국 독자들은 일본 대중문학을 일방적으로 수용하기보다 자신들의 삶과 결부하여 능동적으로 해석하고 비판해 왔다. 특히 일본 사회의 구조적 모순, 예를 들어 가부장제 하의 소외, 장기 경제 불황으로 인한 청년 세대의 무력감 등을 다룬 작품들은 한국 사회가 직면한 유사한 과제들을 투영해 보는 거울이 되었다. 독자들은 일본 소설 속 인물들의 고뇌를 보며 동질감을 느끼는 동시에, 한국 사회의 문제점을 입체적으로 조망하는 비판적 시각을 형성했다.

한편으로는 일본 대중문학이 지닌 상업성과 서사의 도식화에 대한 비판도 제기되었다. 자극적인 소재나 반복되는 구조에 대한 피로감은 거꾸로 한국 대중문학만의 독창성에 대한 갈망으로 이어졌다. 일본 대중소설의 성공 방식은 한국 작가들에게 장르 문학의 가능성을 확인시켜 주었고, 이는 한국형 미스터리나 스릴러, 청춘소설 등이 자생적으로 발전하는 강력한 자극제가 되었다. 즉, 일본 대중문학의 성취는 한국 문학계가 대중 서사의 힘을 재발견하고 독자 중심의 새로운 서사 전략을 모색하게 하는 생산적인 긴장감을 제공한 것이다.

9-3-5 글로벌 브랜드로서의 위상과 문화적 공생

오늘날 무라카미 하루키나 히가시노 게이고와 같은 작가들은 한국 시장에서 단순한 외국 작가를 넘어 하나의 '글로벌 브랜드'로 인식되고 있다. 이들의 이름만으로도 독자의 신뢰를 얻는 이러한 브랜드 파워는 일본 대중문학이 한국의 독서 문화와 대중의 감수성 깊은 곳에 이미 깊숙이 뿌리 내리고 있음을 방증한다. 이들의 작품은 출간과 동시에 대형 서점의 베스트셀러 순위를 점유하며, 국적을 초월하여 동시대를 살아가는 현대인의 보편적 가치를 전달하고 있다.

결론적으로 한국에서의 일본 대중문학 수용은 단순한 번역과 출판의 과정을 넘어섰다. 그것은 서로 다른 역사적 배경을 지닌 두 사회가 '대중문학'이라는 공통의 언어를 통해 시대적 정서를 공유하고, 문화 산업적 모델을 교환하며, 비판적 성찰을 이어가는 복합적인 문화 현상이다. 앞으로도 이러한 교류는 양국 문학이 각자의 독창성을 유지하면서도 서로에게 영감을 주고받는 건강한 공생 관계로 지속될 것이다.

✔ 제9장 핵심정리

- 일본 대중문학은 에도 시대 게사쿠와 목판 인쇄 문화에서 뿌리를 찾을 수 있으며, 메이지 유신 이후 언문일치 문체와 매체 혁명으로 현대적 의미의 대중문학이 성립함
- 오자키 고요의 「금색야차」는 신문 연재소설의 파급력을 보여주며 대중문학의 효시로 평가됨
- 1920년대 관동대지진 이후 순문학과 대중소설의 분화가 심화, '엔본 전집 붐'으로 대중소설의 대량 생산·소비 체제가 확립됨
- 패전 이후 출판사들이 순문학 작가에게 엔터테인먼트 요소를 요구하면서 '중간소설'이 탄생, 문학성과 오락성을 결합한 새로운 장르로 발전
- 1970년대 후반 라이트 노벨은 애니메이션풍 삽화와 미디어 믹스를 통해 젊은 세대의 서브컬처와 결합, 글로벌 콘텐츠로 확산됨
- 요시카와 에이지, 나오키 산주고, 에도가와 란포, 다니자키 준이치로 등 거장들이 장르 문법을 확립하며 대중문학의 위상을 높임
- 무라카미 하루키는 세련된 서구적 감수성과 전후 세대의 공허함을 결합한 문체로 일본 문학을 글로벌 브랜드로 격상, 「노르웨이의 숲」, 「해변의 카프카」, 「1Q84」 등으로 세계적 현상을 일으킴
- 히가시노 게이고, 미야베 미유키 등은 추리·사회파 미스터리를 통해 사회적 모순을 탐구하며 대중성과 문학성을 동시에 확보
- 일본 대중문학은 문학상 제도(아쿠타가와상·나오키상)와 미디어 믹스 전략을 통해 산업적 파급력을 확보, 글로벌 네트워크로 확장
- 한국에서는 1990년대 하루키 신드롬을 시작으로 히가시노·미야베 등 장르문학이 폭넓게 수용, 출판·영상 산업에 큰 영향을 미침
- 한국 독자들은 일본 대중문학을 공감과 비판의 시각으로 수용하며, 한국형 장르문학 발전의 자극제가 되었음

✔ 교실활동 코너

1. 대표작 분석 발표: 일본 대중문학의 대표작(예: 「금색야차」, 「노르웨이의 숲」, 「용의자 X의 헌신」, 「화차」 등)을 선택해 줄거리와 사회적 맥락을 분석하고 발표해보자.

2. 장르별 비교 토론: 조별로 추리·연애·라이트 노벨 등 장르를 나누어 일본 대중문학의 특징과 한국 문학과의 차이점을 토론해보자.
3. 한·일 문화산업 사례 연구: 일본 대중문학의 영상화·미디어 믹스 사례(예: 「화차」 영화화, 라이트 노벨 애니메이션화)를 조사하고, 한국의 유사 사례와 비교하여 발표해보자.
4. 창의적 기획안 작성: 한국 사회 문제를 반영한 대중소설 기획안을 작성하고, 어떤 장르와 메시지를 담을지 발표해보자.

문화 키워드 해설

- 게사쿠(戯作): 에도 시대 오락용 소설, 일본 대중문학의 원형
- 언문일치(言文一致): 구어체 문체 혁신, 근대 문학 성립의 계기
- 금색야차(金色夜叉): 오자키 고요의 신문 연재소설, 일본 대중문학의 효시
- 순문학·대중소설: 예술성과 오락성을 기준으로 분화된 일본 문학의 이중 구조
- 엔본(円本) 전집 붐: 저가 전집 출판으로 대중소설 대량 소비 체제 확립
- 중간소설(中間小説): 순문학과 대중소설의 특성을 결합한 전후 일본의 독자적 장르
- 라이트 노벨: 애니메이션풍 삽화와 미디어 믹스를 특징으로 하는 젊은 세대 중심 장르
- 나오키상·아쿠타가와상: 일본 문학계의 대표 문학상, 대중문학과 순문학의 경계 상징
- 미디어 믹스(Media Mix): 소설을 원천 IP로 하여 영화·드라마·게임 등으로 확장하는 전략
- 하루키 신드롬: 무라카미 하루키 작품이 한국에서 폭발적 인기를 끈 현상
- 사회파 미스터리: 범죄의 사회적 배경과 구조적 문제를 탐구하는 일본 추리소설의 한 흐름

제10장

J-POP의 계보와 글로벌 전략

제10장 J-POP의 계보와 글로벌 전략

10-1 일본 대중음악의 역사적 계보

10-1-1 근대화의 서곡과 유행가의 탄생

일본 대중음악의 형성은 19세기 중반 메이지 유신과 함께 진행된 급격한 서구화의 산물이었다. 1853년 페리 제독의 내항 당시 미 해군 군악대가 연주한 행진곡은 일본인들이 서양의 7음계 음악을 처음으로 접하는 충격적인 계기였다. 이후 1872년 학제 제정을 통해 학교 교육에 '창가(唱歌)'가 도입되면서 서양식 음계는 일본인의 일상 속에 깊숙이 파고들었고, 음악은 국가 근대화 정책의 중요한 문화적 도구로 자리매김했다.

이 과정에서 흥미로운 변모를 겪은 장르가 바로 '엔카(演歌)'였다. 초기 엔카는 자유민권운동가들이 거리에서 정부를 비판하는 연설을 노래로 바꿔 부르던 정치적 장르였으나, 점차 개인의 이별과 슬픔, 향수 등 보편적인 정서를 담은 대중가요로 탈바꿈하며 일본 특유의 서정성을 확보하게 되었다. 이는 전통음악의 선율과 서양 음악의 화성이 결합된 독특한 혼종적 장르로 발전하였다.

1910년대에 들어 축음기와 레코드가 보급되면서 음악은 단순한 감상의 대상에서 벗어나 하나의 '상품'으로 정착하였다. 음반은 3분 내외의 규격화된 길이로 제작되어 대량 유통되었고, 가사집과 함께 판매되며 대중적 소비를 촉진했다. 이 시기 형성된 '류코카(流行歌, 유행가)'라는 개념은 자본과 매체가 결합한 현대적 의미의 대중음악 산업이 본격적으로 궤도에 올랐음을 보여준다.

대표적 사례로 마쓰이 스마코의 「카추샤의 노래(カチューシャの唄)」(1914)는 2만 장 판매를 기록하며 전국적 유행을 일으켰다. 이 곡은 일본적 작곡법인 '요나누키 음계(ヨナ抜き音階: 도레미파솔라시 중 '파'와 '시'를 제외한 음계)'를 활용해 일본적 서정성을 강화했다. 결국 근대화 초기의 일본 대중음악은 서양 음악의 충격적 유입 → 창가 교육 확산 → 엔카의 변모 → 레코드 산업 정착 → 유행가 탄생이라는 흐름 속에서 형성되었으며, 이후 산업 발전의 토대를 마련했다.

10-1-2 라디오·영화 매체와 가요곡의 황금기 (1920~40년대)

1920년대 중반부터 일본 대중음악은 새로운 매체인 라디오와 유성영화를 만나며 폭발적인 성장을 거듭했다. 1925년 도쿄방송국(현 NHK)의 개국은 음악을 공간의 제약 없이 실시간으로 전파하는 혁명을 가져왔으며, 이는 대중음악을 특정 계층의 향유물에서 전국적 문화로 확산시키는 결정적 계기가 되었다.

특히 1929년 발표된 영화 삽입곡 「도쿄행진곡(東京行進曲)」은 25만 매라는 경이로운 판매 기록을 세우며 '영화 주제가'라는 새로운 장르적 지평을 열었다. 이어 「도쿄 랩소디(東京ラプソディ)」(1936) 같은 작품은 도시적 낭만과 근대적 감각을 담아내며 영화와 음악의 결합을 더욱 강화했다.

이 시기 음악은 재즈·블루스 등 서구의 모던한 리듬을 적극적으로 수용하면서 일본적 감수성과 결합해 '가요곡(歌謡曲)'이라는 독자적인 양식으로 정착했다. 가요곡은 단순한 유행가를 넘어, 도시화·근대화·향락문화의 확산을 반영하는 시대의 거울 역할을 했다. 모가·모보 세대와 '에로·그로·넌센스'라 불린 퇴폐적 풍속은 가요곡의 주제와 정서에도 깊이 스며들었다.

그러나 1930년대 후반 전시 체제에 돌입하면서 음악은 군가와 프로파간다 성격의 노래로 강요되었다. 대중음악은 국가주의적 동원의 도구로 활용되었지만, 역설적으로 이 시기에 구축된 음반 제작 시스템, 라디오·영화·신문이 연동된 미디어 믹스의 초기 형태는 전후 일본 엔터테인먼트 산업이 비약적으로 발전할 수 있는 구조적 토대가 되었다.

즉, 1920~40년대는 일본 대중음악이 매체 혁신 → 장르 정착 → 사회적 반영 → 산업적 기반 구축이라는 과정을 거치며 황금기를 맞이한 시기였다. 이는 이후 전후 가요곡의 성숙과 J-POP의 탄생으로 이어지는 중요한 전사(前史)로 평가된다.

10-1-3 전후 부흥기: 미소라 히바리와 엔카의 정착 (1945~60년대)

패전 직후의 일본 대중음악은 실의에 빠진 국민들을 위로하는 정신적 자양분 역할을 했다. 「사과의 노래(リンゴの唄)」(1945)는 밝고 경쾌한 멜로디 속에 전후 복구에 대한 희망을 담아내며 국민적 사랑을 받았고, 「귀환선(かえり船)」(1946)은 전장에서 돌아온 병사의 애환을 노래하며 대중의 눈물을 자아냈다. 이러한 곡들은 전후 일본 사회의 집단적 상처와 치유의 욕망을 상징하는 대표적 사례였다.

이 시기 가장 상징적인 인물은 미소라 히바리(美空ひばり)이다. 어린 나이에 데뷔한 그녀는 탁월한 가창력과 표현력으로 전후 일본인의 애환을 대변하며 '가요계의 여왕'으로 군림했다. 대표곡으로는 「슬픈 휘파람(悲しき口笛)」(1949), 「야와라(柔)」(1964), 「강물의 흐름처럼(川の流れのように)」(1989) 등이 있으며, 그녀의 존재는 단순한 가수를 넘어 전후 일본 대중문화의 상징적 아이콘으로 평가된다. 특히 그녀는 사후 여성 최초로 국민영예상을 수상하며 문화적 위상을 공고히 했다.

1960년대에 접어들며 엔카(演歌)는 향수, 이별, 항구 등 전통적인 키워드를 강화하며 일본인의 정체성을 상징하는 장르로 완전히 자리 잡았다. 이는 급격한 고도 경제 성장 속에서 소외된 이들이 느끼는 상실감을 달래주는 복고적 장치이기도 했다. 엔카는 일본인의 정서적 뿌리를 확인시켜줌은 물론, 대중음악이 단순한 오락을 넘어 사회적·문화적 정체성을 담아내는 매체임을 보여주었다.

동시에 미국 로큰롤과 포크송의 영향을 받은 청년 문화가 태동하면서, 기성세대의 엔카와 젊은 세대의 서구 지향적 음악이 공존하는 다층적인 음악 지형이 형성되었다. 이는 일본 대중음악이 세대별·계층별로 다른 정서를 반영하며, 전후 사회의 다양성과 긴장을 드러내는 중요한 문화적 현상이었다.

10-1-4 아이돌의 탄생과 시티팝의 융성 (1970~80년대)

1970년대 일본 음악 시장은 컬러 TV의 보급과 함께 시각 매체 중심의 '아이돌(Idol)' 시대로 진입했다. 야마구치 모모에(山口百恵), 마츠다 세이코(松田聖子)와 같은 스타들은 단순한 가수를 넘어 패션과 라이프스타일을 주도하는 문화 아이콘으로 등극했다. 기획사가 연습생을 선발하고 매스미디어를 통해 스타로 육성하는 일본 특유의 아이돌 시스템은 이 시기에 완성되었으며, 이는 훗날 한국과 대만 등 동아시아 아이돌 산업의 원형이 되었다. 아이돌은 대중의 일상과 긴밀히 연결되며, 음악 소비를 넘어 팬덤 문화와 청소년 정체성 형성에 중요한 역할을 했다.

1980년대 버블경제의 풍요로움 속에서 탄생한 '시티팝(City Pop)'은 세련된 도시적 감수성과 낙천적인 분위기를 담아내며 음악적 절정을 맞이했다. 야마시타 다츠로(山下達郎), 오타키 에이이치(大瀧詠一), Takeuchi Mariya(竹内まりや) 등의 작품은 재즈·펑크·디스코와 일본적 감수성을 결합해 독창적 사운드를 창출했다.

당시 일본의 앞선 레코딩 기술과 경제 성장의 낙관적 분위기가 결합된 시티팝은 최근 유튜브 알고리즘과 LP 리바이벌, 틱톡 밈을 통해 재조명되며 전 세계적인 '뉴트로' 열풍의 중심에 서 있다. 또한 1980년대는 가라오케의 보급과 CD 시장의 성장이 음악 소비 방식을 변화시킨 시기였다. 음악은 '듣는 것'에서 '부르고 소유하는 것'으로 전환되었고, 이는 팬덤 산업을 거대한 규모로 확장시키는 계기가 되었다.

10-1-5 J-POP의 다변화와 디지털 시대의 적응 (1990년대 이후)

1990년대 초, 라디오 방송국 J-WAVE가 서구적 감각의 일본 대중음악을 지칭하기 위해 사용한 'J-POP'이라는 용어는 곧 일본 대중음악 전체를 아우르는 브랜드로 정착했다. 이 시기는 프로듀서 고무로 테츠야(小室哲哉)가 이끄는 '고무로 사운드'가 댄스 음악의 대세를 형성하며 차트를 휩쓸었고, 동시에 X Japan으로 대표되는 비주얼 록과 Mr.Children 같은 밴드 음악이 공존하며 음악적 다양성이 극대화된 시기였다. 또한 L'ArcenCiel, CHAGE & ASKA, B'z 등 다양한 장르의 아티스트들이 활약하며 J-POP은 폭넓은 스펙트럼을 확보했다.

2000년대 이후에는 힙합, R&B, 청춘 펑크 등 장르의 세분화가 가속화되었다. 특히 MISIA, 우타다 히카루(宇多田ヒカル)의 R&B 히트곡, Dragon Ash와 Zeebra의 힙합, MONGOL800의 청춘 펑크는 새로운 세대의 목소리를 대변했다. 동시에 애니메이션 음악(애니송)과 보컬로이드(Vocaloid) 음악이 서브컬처를 넘어 주류 시장으로 진입하는 독특한 양상을 보였다. 하츠네 미쿠(初音ミク)를 중심으로 한 보컬로이드 문화는 니코니코동영상과 유튜브를 통해 확산되며, 아마추어 창작자와 메이저 레이블을 연결하는 새로운 음악 생태계를 형성했다. 이는 디지털 플랫폼이 음악 산업의 구조를 바꾸는 대표적 사례였다.

2010년대에는 AKB48로 대표되는 '만나러 갈 수 있는 아이돌' 콘셉트가 거대한 상업적 성공을 거두었다. 팬 참여형 시스템과 대규모 그룹 운영은 일본 아이돌 산업의 새로운 모델을 제시했다. 그러나 동시에 RADWIMPS, 요네즈 켄시(米津玄師), 호시노 겐(星野源) 등 디지털 플랫폼을 기반으로 독창적인 세계관을 구축한 아티스트들이 부상하며 J-POP의 스펙트럼은 더욱 넓어졌다. 이들은 스트리밍, SNS, 유튜브를 적극 활용해 글로벌 팬덤과 연결되며, 기존의 내수 중심 모델을 넘어서는 가능성을 보여주었다.

오늘날 J-POP은 여전히 아날로그적 내수 시장의 전통(오리콘 차트,

CD 판매, 라이브 콘서트 중심)을 유지하면서도, 스트리밍 시대의 글로벌 팬덤과 소통해야 하는 새로운 과제 앞에 직면해 있다. 즉, 전통적 산업 구조와 디지털 플랫폼 기반의 새로운 흐름이 공존하는 과도기적 상황 속에서, J-POP은 독자적 정체성을 유지하면서도 세계 음악 시장과의 접점을 확대해야 하는 도전에 직면해 있는 것이다.

10-2 J-POP과 K-POP의 글로벌 전략 비교 분석

10-2-1 J-POP의 내수 중심 모델과 글로벌 전략의 특성

일본 대중음악 산업은 세계 2위라는 압도적인 규모의 자국 음반 시장을 기반으로 성장해 왔다. 이러한 거대 내수 시장은 외부의 간섭 없이 독자적인 음악 세계를 구축할 수 있는 안정성을 제공했으나, 역설적으로 해외 진출에 대한 절박함을 희석하는 결과를 초래했다. 일본의 음악 소비 구조는 여전히 오리콘 차트, 지상파 음악 프로그램, 그리고 물리적 음반(CD) 판매에 강력한 기반을 두고 있으며, 아티스트와 팬덤의 관계 또한 폐쇄적인 회원제 클럽과 오프라인 콘서트 중심으로 형성되어 있다. 이는 일본 음악 산업이 내수 중심으로 고착화된 구조적 특징을 잘 보여준다.

이러한 환경에서 J-POP이 선택한 주요 글로벌 전략은 애니메이션·게임·드라마 등 타 장르와 결합하는 미디어 믹스 활용이었다. 이른바 '애니송(Ani-Song)'으로 대표되는 이 전략은 일본 콘텐츠의 세계적 영향력에 힘입어 자연스럽게 음악을 전파하는 강점을 지녔다. 그러나 음악 자체가 독립적인 글로벌 브랜드로 확산되기에는 한계가 있었고, 이는 J-POP이 K-POP과 달리 세계 시장에서 상대적으로 낮은 존재감을 보이는 이유 중 하나였다.

또한 일본은 강력한 저작권 보호 정책과 디지털 플랫폼 전환의 지연으로 인해 유튜브·스포티파이 같은 글로벌 채널을 통한 접근성이 떨어졌다. 이는 해외 팬덤이 J-POP을 접하는 데 장벽으로 작용했다. 그러나 최근에는 변화의 조짐이 나타나고 있다. Perfume은 첨단 테크놀로지와 퍼포먼스를 결합해 해외 투어를 성공시켰고, BABYMETAL은 메탈과 아이돌을 융합한 독창적 콘셉트로 글로벌 팬덤을 확보했다. 또한 YOASOBI와 같은 디지털 기반 아티스트들은 틱톡과 유튜브에서 폭발적인 반응을 얻으며 새로운 세대의 J-POP을 대표하고 있다.

결국 J-POP의 글로벌 전략은 내수 시장의 안정성 → 미디어 믹스 활용 → 저작권 장벽과 디지털 전환 지연 → 최근 디지털 기반 아티스트의 부상이라는 흐름 속에서 전개되고 있다. 이는 일본 음악 산업이 전통적 내수 중심 모델을 유지하면서도, 글로벌 플랫폼과 팬덤 문화에 적응해야 하는 과제를 안고 있음을 보여준다.

10-2-2 K-POP의 글로벌 지향성과 플랫폼 전략

J-POP과 대조적으로 K-POP은 처음부터 좁은 내수 시장의 한계를 극복하기 위해 글로벌 시장을 타깃으로 설계된 산업 구조를 지닌다. 대형 기획사를 중심으로 구축된 체계적인 연습생 제도와 트레이닝 시스템은 퍼포먼스·비주얼·음악성을 동시에 갖춘 '완성형 아이돌'을 배출하는 토대가 되었다. 이러한 시스템은 단순히 가수를 양성하는 차

원을 넘어, 글로벌 무대에서 경쟁 가능한 문화 상품을 생산하는 체계로 기능했다.

K-POP은 언어의 장벽을 넘기 위해 영어 가사 삽입, 다국적 멤버 구성, 해외 시장에 맞춘 현지화 전략을 유연하게 구사했다. 이는 특정 국가의 팬덤을 넘어 다국적 팬층을 확보하는 데 효과적이었다. 예컨대 일본·중국·동남아 출신 멤버를 포함한 그룹은 해당 지역에서의 친밀감을 높였고, 영어 가사와 글로벌 트렌드를 반영한 음악은 서구 시장 진출을 용이하게 했다.

특히 K-POP의 비약적인 성공 뒤에는 디지털 플랫폼의 적극적인 활용이 자리 잡고 있다. 유튜브·SNS·글로벌 OTT는 단순한 홍보 수단을 넘어, 전 세계 팬덤과 실시간으로 소통하는 핵심 창구가 되었다. 팬들은 댓글·해시태그·밈을 통해 아티스트와 상호작용하며, 이는 곧 참여형 팬덤 문화로 발전했다. 이러한 구조 속에서 형성된 강력한 글로벌 팬덤은 방탄소년단(BTS), 블랙핑크(BLACKPINK)와 같은 아티스트를 세계 주류 시장의 중심에 올려놓았다.

오늘날 K-POP은 단순한 음악 장르를 넘어 한국의 글로벌화와 역동적인 청년 문화를 상징하는 국가 브랜드이자, 막대한 부가가치를 창출하는 핵심 문화 자산으로 자리매김했다. 이는 음악 산업을 넘어 패션·화장품·관광 등 다양한 분야로 확장되며, 한국 대중문화 전체의 글로벌 경쟁력을 강화하는 원동력이 되고 있다.

10-2-3 J-POP과 K-POP의 구조적 비교

J-POP과 K-POP은 산업 구조와 지향점에서부터 뚜렷한 차이를 보

인다. J-POP은 세계 2위 규모의 내수 시장이라는 안정성을 기반으로 성장해 왔으며, 오리콘 차트와 지상파 음악 프로그램, 그리고 물리적 음반 판매에 의존하는 보수적 유통 구조를 선호한다. 이러한 내수 중심 모델은 일본 음악 산업이 독자적인 정체성을 유지하는 데 기여했지만, 해외 진출을 위한 동력은 상대적으로 약화시켰다. 반면 K-POP은 좁은 내수 시장의 한계를 극복하기 위해 처음부터 글로벌 시장을 목표로 삼았다. 대형 기획사 중심의 체계적 연습생 제도와 공격적인 투자 전략은 세계 무대에서 경쟁 가능한 아이돌 그룹을 배출하는 기반이 되었다.

글로벌 전략에서도 두 장르는 상반된 접근을 취한다. J-POP은 애니메이션·게임·드라마와 결합하는 미디어 믹스를 통해 음악을 확산시키는 방식을 택했으나, 음악 자체가 독립적인 브랜드로 자리매김하는 데에는 한계가 있었다. 반대로 K-POP은 유튜브와 SNS, 글로벌 OTT 플랫폼을 적극적으로 활용하여 전 세계 팬덤과 실시간으로 소통하는 전략을 구사했다. 이러한 디지털 기반 확산 방식은 K-POP을 단기간에 세계적 주류로 끌어올리는 원동력이 되었다.

음악 스타일과 가치에서도 차이가 뚜렷하다. J-POP은 장르 혼합과 아티스트 개인의 개성을 중시하며, 다양성과 독창성을 통해 일본 사회 내부의 정체성을 반영한다. 이에 비해 K-POP은 글로벌 트렌드를 적극적으로 반영한 사운드와 강렬한 퍼포먼스, 압도적인 비주얼을 결합해 세계 시장에서 통용되는 경쟁력을 확보했다.

문화적 위상 역시 다르다. J-POP은 일본 사회의 소비문화와 고유한 정서를 담아내는 통로로 기능하며, 국내 팬덤의 충성도를 기반으로 발전해왔다. 반면 K-POP은 한국 대중문화의 세계적 위상을 증명하는 상징물로 자리매김하며, 국가 브랜드와 연결되는 문화 자산으로 확장되었다.

〈표 1〉 J-POP vs K-POP 비교표

구분	J-POP	K-POP
산업 구조	내수 중심, 오리콘·TV 음악 프로그램 의존	글로벌 지향, 기획사 시스템·연습생 제도 확립
글로벌 전략	제한적, 애니송·콘서트 중심	적극적, YouTube·SNS·OTT 활용
팬덤 문화	국내 팬덤 충성도 높음, 해외 확산 제한	글로벌 팬덤 형성, 세계적 영향력
음악 스타일	다양성·개성 강조, 장르 혼합	퍼포먼스·비주얼 중심, 글로벌 트렌드 반영
문화적 의미	일본 사회의 정체성과 소비문화 반영	한국의 글로벌화·청년 문화의 상징

결국 J-POP과 K-POP은 각각 내수 중심의 독자적 정체성과 글로벌 지향의 플랫폼 전략이라는 상반된 구조 속에서 발전해왔으며, 이러한 차이는 두 음악 산업의 현재와 미래를 규정하는 중요한 요인으로 작용하고 있다.

10-2-4 분석과 향후 전망

현재까지의 글로벌 경쟁 구도에서는 디지털 플랫폼과 팬덤 비즈니스를 선점한 K-POP이 주류 시장에서 확실한 우위를 점하고 있다. 유튜브·SNS·OTT를 통한 실시간 소통과 참여형 팬덤 문화는 K-POP을 세계 음악 산업의 중심으로 끌어올린 핵심 요인이다. BTS와 BLACKPINK의 성공은 단순한 음악적 성취를 넘어, 한국 대중문화가 국가 브랜드와 결합해 글로벌 영향력을 행사할 수 있음을 보여준다.

그러나 J-POP 역시 새로운 돌파구를 모색하고 있다. 일본은 애니메이션·게임·관광 산업이라는 막강한 IP(지식재산권)을 보유하고 있으며, 이를 음악과 융합하는 전략을 통해 독자적 경쟁력을 확보할 수 있다. 애니송과 보컬로이드 문화는 이미 세계적으로 확산된 사례이며, 최근에는 YOASOBI, Aimer, RADWIMPS 등 디지털 기반 아티스트들이 글로벌 플랫폼에 적극적으로 진출하며 소셜 미디어 트렌드를 활용하고 있다. 이는 기존의 내수 중심적 사고에서 벗어나려는 움직임이 뚜렷해지고 있음을 보여준다.

결국 J-POP과 K-POP은 아시아 대중문화의 양대 산맥으로서 각기 다른 매력을 통해 상호 보완적인 역할을 수행하고 있다. J-POP은 독창성과 장르적 다양성을, K-POP은 글로벌 지향성과 플랫폼 전략을 강점으로 삼으며, 두 장르는 때로는 경쟁하고 때로는 협력하며 세계 음악 시장의 지평을 넓히고 있다.

향후 전망에서 중요한 변수는 기술 환경의 변화이다. 인공지능(AI) 작곡·추천 시스템, 메타버스 공연, 온라인 팬덤 플랫폼 등 새로운 기술은 아시아 음악의 글로벌 영향력을 더욱 확대할 수 있는 기회를 제공한다. J-POP과 K-POP은 이러한 변화 속에서 각자의 강점을 살려 새로운 형태의 문화적 융합을 시도할 것이며, 아시아 음악은 세계 대중문화의 중심축으로 자리매김할 가능성이 크다.

✔ 제10장 핵심정리

- 역사적 계보:
  메이지 유신 이후 서양 음악 유입 → 창가 교육 → 엔카의 변모 → 레코드·라디오·영화 매체 확산 → 전후 미소라 히바리와 엔카 정착 → 1970~80년대 아이돌·시티팝 융성 → 1990년대 이후 J-POP 브랜드화와 장르 다변화.
- J-POP 전략:
  내수 시장 안정성에 기반, 오리콘·TV·CD 중심. 애니송·게임·드라마와 결합하는 미디어 믹스 전략. 최근 Perfume, BABYMETAL, YOASOBI 등 디지털 기반 아티스트의 해외 진출.
- K-POP 전략:
  좁은 내수 극복 위해 글로벌 지향. 연습생 제도·기획사 시스템·다국적 멤버·영어 가사. 유튜브·SNS·OTT 활용으로 참여형 글로벌 팬덤 형성. BTS·BLACKPINK 등 세계적 영향력.
- 비교와 전망:
  J-POP은 다양성과 개성, 일본 사회 정체성 반영. K-POP은 퍼포먼스·비주얼 중심, 한국 청년 문화와 국가 브랜드 상징. 향후 AI·메타버스 등 기술 변화 속에서 두 장르는 경쟁과 협력을 통해 아시아 음악의 세계적 영향력을 확대할 전망.

☑ 교실활동 코너

1. 일본의 아이돌 시스템과 한국의 아이돌 시스템을 조사해보고, 두 시스템이 팬덤 문화에 어떤 차이를 만들어냈는지 토론해보자.
2. 1980년대 시티팝 대표곡을 감상해보고, 왜 최근 유튜브·틱톡에서 다시 인기를 얻고 있는지 분석해보자.
3. 미소라 히바리와 BTS 같은 대표 아티스트를 선정해, 그들의 음악이 사회·문화적으로 어떤 의미를 지니는지 발표해보자.
4. 애니송과 K-POP 드라마 OST를 들어보고, 음악이 다른 콘텐츠와 결합할 때 어떤 시너지 효과가 나는지 탐구해보자.
5. 보컬로이드 곡과 K-POP 댄스 퍼포먼스를 함께 체험하며, 디지털 플랫폼이 음악 소비 방식을 어떻게 바꾸었는지 느껴보자.

문화 키워드 해설

- 엔카(演歌): 자유민권운동에서 출발해 개인적 서정을 담은 일본 전통 대중가요. 향수·이별·항구 등 키워드로 일본인의 정체성을 반영.
- 유행가(流行歌, 류코카): 레코드 산업과 함께 상품화된 근대적 대중음악. '카추샤의 노래'가 대표적 사례.
- 가요곡(歌謠曲): 라디오·영화와 결합해 도시화·향락문화를 반영한 장르. 전후 일본 대중음악의 주류.
- 미소라 히바리(美空ひばり): 전후 일본을 대표하는 가수, '가요계의 여왕'. 국민영예상 수상으로 문화적 상징성 확보.
- 아이돌 시스템: 기획사 중심의 연습생 선발·육성 구조. 팬덤 문화와 청소년 정체성 형성에 큰 영향.
- 시티팝(City Pop): 1980년대 버블경제 속 도시적 감수성을 담은 음악. 최근 글로벌 '뉴트로' 열풍으로 재조명.
- 보컬로이드(Vocaloid): 하츠네 미쿠를 중심으로 한 디지털 음성 합성 음악. 아마추어 창작자와 메이저 레이블을 연결하는 새로운 생태계.
- 미디어 믹스(Media Mix): 애니메이션·게임·드라마와 음악을 결합해 콘텐츠 소비를 확장하는 전략.
- 팬덤 비즈니스: K-POP이 유튜브·SNS·투표 시스템을 통해 구축한 참여형 글로벌 팬덤 경제.
- 국가 브랜드화: K-POP이 한국 청년 문화와 국가 이미지를 세계적으로 확산시키는 문화 자산으로 기능하는 현상.

제11장

게임 강국 일본의 플랫폼 전략

제11장 게임 강국 일본의 플랫폼 전략

11-1 일본 디지털 게임의 태동과 역사적 전개

11-1-1 아케이드 게임의 전성기와 초기 시장의 형성

일본은 세계 게임 산업의 기틀을 마련하고 발전시켜 온 독보적인 '게임 강국'이다. 일본 게임 산업의 역사는 단순한 기술적 진보에 그치지 않고, 하드웨어와 소프트웨어가 결합한 독자적인 플랫폼 전략을 통해 전 세계 대중문화의 지형을 바꾸어 왔다. 닌텐도와 소니, 세가와 같은 기업들은 단순히 게임기를 제작하는 수준을 넘어, 게임을 중심으로 한 플랫폼 생태계를 구축하여 글로벌 시장을 선도했다. 일본의 전략은 하드웨어 판매와 소프트웨어 라이선스, 그리고 캐릭터 IP를 결합한 다층적 구조로, 오늘날까지도 세계 게임 산업의 중요한 모델로 평가된다.

일본 게임 산업의 뿌리는 1970년대 아케이드 게임의 폭발적 인기에서 찾을 수 있다. 초기에는 미국 아타리(Atari) 사의 「퐁(Pong)」(1972)과 같은 게임을 수입하는 단계에 불과했으나, 곧 일본 기업들이 독자적인 콘텐츠를 생산하며 시장을 주도하기 시작했다.

1978년 타이토(Taito) 사가 발매한 「스페이스 인베이더(Space Invader)」는 정적인 게임을 동적인 슈팅 게임으로 전환하며 일본 게임 산업의 시작점을 알렸다. 이 게임은 사회적 현상으로까지 번지며 전국적으로 '인베이더 붐'을 일으켰고, 게임센터(아케이드)의 급속한 확산을 견인했다. 이어 1980년 남코(Namco)의 「팩맨(Pac-Man)」은 폭력성을 줄이고 친근한 캐릭터를 도입해 여성과 아동까지 고객층을 넓히며 게임 고객층에 대한 고정관념을 타파했다. 팩맨은 단순한 오락을 넘어 캐릭터 소비 문화의 출발점이 되었고, 이후 일본 게임이 글로벌 시장에서 문화적 아이콘으로 자리매김하는 계기를 마련했다.

아케이드 게임은 단순한 오락을 넘어 사회적 공간으로 기능했다. 친구들과의 사교, 지역 커뮤니티 형성, 경쟁과 협력의 장으로서 게임센터는 일본 사회의 독특한 오락 문화를 구축했다. 이는 이후 가정용 콘솔 게임으로의 전환에도 중요한 기반이 되었다.

11-1-2 가정용 콘솔 게임기로의 전환과 '패미콤' 쇼크

1980년대 초반, 세계 게임 시장은 커다란 변곡점을 맞이한다. 당시 시장을 주도하던 북미에서는 검증되지 않은 저질 소프트웨어가 무분별하게 쏟아져 나오면서 소비자들이 게임 산업 전체에 등을 돌리는 이른바 '아타리 쇼크(Atari Shock, 1983)'가 발생한다. 이 사건으로 인해 서구권 게임 시장이 유례없는 침체기에 빠져든 것과 대조적으로, 일본은 이를 발판 삼아 세계 게임 산업의 새로운 중심지로 급부상하게 된다. 그 중심에는 1983년 닌텐도가 출시한 '패미컴(ファミコン, Family Computer)'이 있었다.

닌텐도는 북미 시장의 실패를 반면교사 삼아 하드웨어의 보급보다 소프트웨어의 품질 관리에 사활을 걸었다. 특히 이들은 서드파티(Third Party, 하드웨어 제조사가 아닌 외부 게임 개발사)가 게임을 출시할 때 닌텐도의 엄격한 품질 검사를 거치게 하는 독자적인 라이선스 정책을 도입했다. 이는 무분별한 소프트웨어 출시를 막고 게임 개발사들이 일정한 수준 이상의 재미와 완성도를 유지하도록 유도한 혁신적인 시스템이었다. 이러한 '양보다 질'을 우선시한 전략은 소비자들에게 "닌텐도 로고가 붙은 게임은 믿고 살 수 있다"는 강력한 신뢰를 심어주었으며, 결과적으로 붕괴 위기에 처했던 게임 산업의 신뢰성을 다시 세우는 결정적 역할을 수행했다.

이 시기 게임 역사의 정점으로 꼽히는 작품이 바로 1985년 발매된「슈퍼 마리오 브라더스」이다. 이 게임은 점프와 달리기를 조합한 직관적인 조작법과 탄탄한 서사 구조를 결합하여 플레이어에게 스스로 모험을 개척해 나가는 주체적인 체험을 선사했다. 이는 현대 플랫폼 게임 디자인의 표준을 확립한 사건으로 평가받으며 전 세계적인 열풍을 일으켰다.

결국 패미컴은 단순한 전자기기를 넘어 일본 가정 내 거실의 풍경을 바꾼 필수 오락 기기로 자리 잡았다. 이는 게임을 소수 마니아의 '개인적 취미'에서 온 가족이 함께 즐기는 '가족 단위의 문화'로 확장하는 계기가 되었다. 이러한 내수 시장의 강력한 지지는 일본 게임 산업이 글로벌 시장으로 뻗어 나가 '게임 강국 일본'의 신화를 쓰는 견고한 발판이 되었다.

11-1-3 3D 그래픽 혁명과 플랫폼의 다변화

1990년대는 게임의 문법이 평면적인 2D에서 입체적인 3D 그래픽으로 전환된 기술 혁신의 시기였다. 이 거대한 흐름을 주도한 것은 1994년 가전 업계의 거인 소니(Sony)가 출시한 '플레이스테이션(PlayStation)'이었다. 소니는 CD-ROM이라는 대용량 매체와 고성능 3D 연산 능력을 앞세워, 기존의 아동 중심 시장을 넘어 성인층까지 고객 범위를 확장하는 데 성공했다. 특히 플레이스테이션은 단순한 오락기기를 넘어 세련된 라이프스타일을 상징하는 플랫폼으로서 기능하며, 글로벌 시장에서 일본 게임 산업의 영토를 비약적으로 넓혔다.

이 시기 일본 게임계는 장르의 황금기를 맞이했다.「파이널 판타지」 시리즈는 영화 같은 연출을 도입해 JRPG(일본식 롤플레잉 게임)의 극치를 보여주었으며,「스트리트 파이터」와 같은 대전 격투 게임과 액션 어드벤처 장르 역시 독창적인 시스템을 구축하며 세계적인 인기를 끌었다. 이러한 작품들은 일본 게임이 지닌 서사성과 예술성을 전 세계에 입증하는 계기가 되었다.

2000년대에 들어서면서 일본 게임 산업은 하드웨어 경쟁을 넘어 '사용자 경험'의 혁신에 집중하기 시작했다. 2004년 출시된 '닌텐도 DS'는 두 개의 화면과 터치스크린이라는 파격적인 설계를 통해 게임의 경계를 허물었다. 이는 단순한 놀이를 넘어 뇌 훈련이나 언어 학습 기기로까지 활용되며, 게임에 무관심했던 중장년층과 여성층을 시장으로 끌어들이는 '가족 단위 소비'의 확대를 이끌어냈다.

최근에는 거치용 콘솔과 휴대용 기기의 경계를 완전히 무너뜨린 하이브리드 기기 '닌텐도 스위치(Nintendo Switch, 2017)'가 그 계보를 잇고 있다. 스위치는 플랫폼 전략의 가장 진화된 형태로, 장소에 구애받지 않는 이동성과 고성능 게임의 몰입감을 동시에 제공한다. 이는 디지털 환경의 변화 속에서도 일본 게임 산업이 어떻게 독자적인 생존 전략을 구축하고 글로벌 시장에서의 위상을 공고히 하고 있는지를 보여주는 상징적인 사례이다.

11-2 플랫폼별 구분과 일본 게임 시장의 구조적 특징

11-2-1 콘솔 게임: 일본 게임의 심장

일본 게임 산업은 전통적으로 TV에 연결해 즐기는 '콘솔 게임(가정용 비디오 게임)'을 중심으로 독자적인 생태계를 구축하며 발전해 왔다. 최근 모바일 게임의 성장세에도 불구하고, 일본에서 콘솔 게임이 갖는 문화적·산업적 위상은 여전히 독보적이다.

1983년 닌텐도에서 개발한 패미콤은 가정용 게임기의 대중화를 이끈 결정적 계기였다. 이후 소니의 플레이스테이션(PlayStation) 시리즈, 세가의 세가 새턴(Sega Saturn), SNK의 네오지오(Neo Geo) 등이 경쟁하며 치열한 플랫폼 경쟁을 벌였다. 이러한 경쟁은 닌텐도의 위(Wii), 소니의 플레이스테이션 2·3·4·5 등 혁신적인 하드웨어의 탄생으로 이어졌고, 일본을 세계 최고의 콘솔 강국으로 자리매김하게 했다.

콘솔 산업의 성장은 단순히 기계 판매에만 의존하지 않았다. 독보적인 캐릭터 지식재산권(IP)과 결합한 미디어 믹스 전략이 핵심이었다. 닌텐도의 「슈퍼 마리오」, 「젤다의 전설」, 「포켓몬스터」 시리즈는 게임 속 세계관에만 머물지 않고 애니메이션, 만화, 영화, 완구 산업으로 확장되며 플랫폼 충성도를 견고하게 다졌다. 특히 포켓몬스터는 현재까지도 세계 미디어 프랜차이즈 총수익 1위를 기록하며, 게임 플랫폼과 캐릭터 산업이 결합했을 때 발생하는 강력한 시너지를 입증한다.

일본 내 콘솔 게임의 영향력은 소비자들의 높은 기기 보유율과 이용 행태에서 확인된다. 「CESA 게임산업 레포트 2024」에 따르면, 일본의 젊은 층 사이에서 콘솔 기기는 여전히 가장 선호되는 게임 플랫폼이다. 조사 결과, 일본의 10대 청소년층의 약 70% 이상이 콘솔 기기를 통해 게임을 즐기고 있으며, 이는 스마트폰이나 PC보다 높은 수치다. 이는 일본의 미래 세대에게도 '게임은 전용 기기로 즐기는 것'이라는 인식이 뿌리 깊게 자리 잡고 있음을 보여준다.

또한 10대와 20대의 이용 행태를 보면, 이들은 주당 평균 6~7시간을 콘솔 및 PC 게임에 할애하고 있다. 이는 모바일 게임(주당 약 8시간)과 비교해도 몰입도 면에서 뒤처지지 않는 수준이다. 한 번 게임을 시작하면 긴 시간 집중해서 즐기는 '거실 중심의 콘솔 문화'가 여전히 견고하게 유지되고 있으며, 부모 세대가 자녀의 게임 콘텐츠를 통제하기 용이하다는 점 때문에 가족 단위의 콘솔 보유가 권장되는 경향도 일본만의 독특한 특징이다.

이러한 수치는 일본 게임 시장이 닌텐도 스위치(Nintendo Switch)나 플레이스테이션 5(PS5)와 같은 하드웨어를 중심으로 얼마나 강력한 팬덤을 형성하고 있는지를 보여준다. 전 세계적으로 디지털 전환이 가속화되고 있음에도 불구하고, 일본은 여전히 물리적 게임 패키지 판매 비중이 전체의 절반 가까이를 차지할 만큼 소유와 수집을 중시하는 아날로그적 감성이 콘솔 플랫폼 전략과 긴밀하게 결합해 있다. 이는 온라인 게임이 주류를 이루는 한국이나 중국 시장과 대비되는 일본 게임 산업만의 뚜렷한 구조적 차별점이자 경쟁력이다.

11-2-2 아케이드와 온라인 게임의 대조적 지형

일본 게임 산업은 한국이나 북미와 달리 아케이드 게임(게임센터)

문화가 뿌리 깊게 자리잡아 왔다. 1970~90년대 아케이드 게임은 일본 오락문화의 중심이었으며, 「스페이스 인베이더」(1978), 「스트리트 파이터」(1987), 「철권」(1994) 등은 게임센터를 사회적 공간으로 만들었다. 친구와의 사교, 지역 커뮤니티 형성, 경쟁과 협력의 장으로서 게임센터는 일본 사회의 독특한 오락 문화를 구축했다.

1990년대 이후 가정용 콘솔 보급으로 아케이드 산업은 하향세를 겪었지만, 매출액 기준으로는 여전히 중요한 비중을 차지한다. 「CESA 게임백서 2024」에 따르면 일본 아케이드 게임 시장은 2023년 기준 약 2,900억 엔 규모로 집계되었으며, 이는 전체 게임 시장의 약 20%를 차지한다. 특히 크레인 게임, 메달 게임, 리듬 게임 등은 여전히 게임센터의 핵심 콘텐츠로 자리잡고 있으며, 가족 단위 방문객과 청소년층을 중심으로 꾸준한 수요를 유지하고 있다. 최근에는 e스포츠와 연계된 아케이드 대회, 지역 축제와 결합한 이벤트 등 새로운 형태의 융합도 시도되고 있다.

반면 온라인 게임은 일본에서 상대적으로 약세를 보였다. 한국의 PC방 문화와 북미의 온라인 인프라에 비해 일본은 광랜 보급률이 낮았고, 인터넷 카페가 게임보다는 웹 서핑·만화 열람 중심으로 운영된 점이 원인이다. 또한 일본 제작사들이 온라인 게임 개발에 소극적이었던 것도 영향을 미쳤다. 그 결과 일본은 온라인 게임보다는 콘솔·아케이드 중심의 구조를 유지해 왔으며, 이는 한국과 뚜렷한 대비를 이룬다.

다만 최근에는 모바일 플랫폼과 연계된 온라인 서비스, 클라우드 게임의 도입으로 온라인 게임의 비중이 점차 확대되고 있다. 일본 기업들도 글로벌 경쟁에 대응하기 위해 온라인 기능을 강화한 콘솔 게임, 크로스플랫폼 플레이를 지원하는 타이틀을 늘려가고 있으며, 이는 전통적인 아케이드·콘솔 중심 구조와 새로운 온라인 환경이 공존하는 과도기적 상황을 보여준다.

11-2-3 모바일 게임의 급부상

2010년대 스마트폰의 대중화와 함께 일본에서도 모바일 게임 시장은 급격히 신장하였다. 기존에는 콘솔과 아케이드가 게임 산업의 중심축을 담당했지만, 스마트폰의 보급은 게임을 언제 어디서나 즐길 수 있는 환경을 제공하며 새로운 소비 패턴을 만들어냈다.

대표적으로 「몬스터 스트라이크」(Mixi, 2013), 「Fate/Grand Order」(Aniplex, 2015), 「퍼즐&드래곤」(GungHo, 2012) 등 강력한 IP 기반 게임들이 유료 과금 모델(가챠 시스템)을 통해 성공을 거두며 일본 게임 시장 규모의 상당 부분을 차지하게 되었다. 「몬스터 스트라이크」는 출시 4년 만에 누적 매출 1조 엔을 돌파했고, 「Fate/Grand Order」 역시 2019년 기준 연간 1,000억 엔 이상을 기록하며 글로벌 시장에서도 주목받았다.

모바일 게임은 기존 콘솔·아케이드 중심 구조를 흔들며, 이동성과 접근성을 무기로 새로운 소비층을 확보했다. 특히 여성과 중장년층까지 포괄하는 폭넓은 유저층을 형성하며, 일본 게임 산업의 저변을 크게 확대했다. 이는 콘솔 중심의 '거실 문화'와 달리, 개인화된 모바일 기기를 통해 게임의 생활화가 이루어진 사례라 할 수 있다.

일본 모바일 게임 시장은 세계적으로도 상위권에 속한다. 「CESA 게임백서 2024」에 따르면 2023년 일본 모바일 게임 시장 규모는 약 1

조 2,000억 엔으로 전체 게임 시장의 절반 이상을 차지하고 있다. 이는 북미·중국과 함께 세계 3대 모바일 게임 시장으로 평가된다. 특히 일본은 콘솔 중심 구조를 유지하면서도 모바일 게임을 통해 플랫폼 다변화에 성공했음을 보여준다.

또한 모바일 게임은 단순한 오락을 넘어 캐릭터 소비 문화와 미디어 믹스 전략과 결합하여 강력한 시너지를 발휘한다. 예를 들어 「Fate/Grand Order」는 원작 애니메이션·만화·굿즈와 긴밀히 연결되어 팬덤을 확장했고, 「몬스터 스트라이크」는 TV 애니메이션과 극장판 영화로 제작되어 IP의 영향력을 강화했다. 이러한 사례는 일본 모바일 게임이 단순히 디지털 플랫폼을 넘어 종합 엔터테인먼트 산업의 핵심 축으로 자리잡았음을 보여준다.

〈표 2〉 일본 게임 시장 플랫폼 비교 (2023–2024 기준)

구 분	아케이드 게임	콘솔 게임	모바일 게임
시장 규모(2023)	약 2,900억 엔 (CESA 2024)	약 3,013억 엔 (CESA 2024)	약 1조 2,000억 엔 (CESA 2024)
점유율	전체 게임 시장의 약 20%	전체 게임 시장의 약 20~25%	전체 게임 시장의 절반 이상
주요 기업/타이틀	타이토 「스페이스 인베이더」, 캡콤 「스트리트 파이터」, 반다이남코 「태고의 달인」	닌텐도 스위치, PS5 / 「젤다의 전설」, 「파이널 판타지」	「몬스터 스트라이크」, 「Fate/Grand Order」, 「퍼즐&드래곤」
이용자층	청소년·가족·지역 커뮤니티 중심	10대·20대 중심, 가족 단위 소비	여성·중장년층까지 확대, 생활 속 게임
문화적 위상	사회적 공간, 성지순례·지역 이벤트와 결합	거실 중심, 패키지 소유·수집 문화	개인화·모바일 중심, 가챠·과금 모델

출처: CESA 『게임백서 2024』, 일본 컴퓨터엔터테인먼트협회 / Automaton West (2024) / Deep Market Insights (2024)

11-3 일본 게임 문화의 고유한 특징과 전략

11-3-1 캐릭터 중심 문화와 강력한 미디어 믹스

일본 게임 산업의 가장 큰 강점은 캐릭터 소비 문화에 있다. 「포켓몬스터」, 「슈퍼 마리오」, 「젤다의 전설」과 같은 게임은 단순히 소프트웨어 판매에 그치지 않고, 애니메이션·만화·영화·완구·피규어 등 다양한 매체로 확장되는 미디어 믹스 전략을 취한다.

특히 「포켓몬스터」는 1996년 게임보이용 소프트웨어로 시작했지만, 곧 애니메이션·극장판·트레이딩 카드·완구 시장으로 확장되며 세계적 브랜드로 성장했다. 현재 포켓몬은 캐릭터 미디어 믹스 총수익 세계 1위를 기록하고 있으며, 이는 일본식 IP 전략의 성공을 보여주는 대표적 사례이다.

이러한 전략은 일본 특유의 '오타쿠' 문화와 긴밀히 연결된다. 팬들은 게임 속 캐릭터를 단순히 소비하는 데 그치지 않고, 피규어·굿즈·코스프레·동인지 등 2차 시장을 활성화한다. 즉, 캐릭터는 게임을 넘어 생활문화와 정체성의 일부로 자리잡으며, 일본 게임 산업의 플랫폼 전략을 강화하는 핵심 동력이 된다.

11-3-2 독창적 장르의 개척과 예술적 승화

일본은 세계 게임 산업에서 독창적인 장르를 개척하며 고유의 문법을 완성했다. 대표적으로 JRPG(일본식 RPG)는 스토리 중심, 고정된 캐릭터, 턴제 전투 방식이라는 독특한 스타일을 확립했다. 「파이널 판타지」, 「드래곤 퀘스트」는 JRPG의 전형을 제시하며 세계적으로 큰 성공을 거두었다.

또한 일본은 비주얼 노벨과 연애 시뮬레이션 게임이라는 텍스트 중심 장르를 발전시켰다. 이는 스토리 몰입감과 감성적 접근을 강조하며, 애니메이션과의 연계가 빈번해 일본만의 독특한 게임 문화로 자리잡았다.

리듬 게임 역시 일본의 독창적 장르다. 「댄스 댄스 레볼루션」, 「태고의 달인」은 음악과 신체적 움직임을 결합해 새로운 체험을 제공하며, 일본 게임이 단순한 오락을 넘어 문화적 퍼포먼스로 확장되는 계기를 마련했다.

최근에는 게임이 단순한 오락을 넘어 예술적 승화를 이루고 있다. 「젤다의 전설: 브레스 오브 더 와일드」는 오픈 월드의 새로운 지평을 열며, 자유로운 탐험·섬세한 그래픽·몰입감 있는 음악을 통해 게임의 예술성과 창의성을 전 세계에 입증했다. 이는 일본 게임이 산업적 상품을 넘어 예술적 콘텐츠로 인정받는 중요한 사례이다.

11-3-3 사회적 공간으로서의 게임

일본에서 게임은 단순한 오락을 넘어 사회적 공간으로 기능한다. 1970~90년대 아케이드 게임센터는 친구들과의 사교 공간, 실력을 겨루는 무대, 지역 커뮤니티의 중심 역할을 했다. 게임센터는 단순히 게임을 즐기는 장소가 아니라, 사회적 관계망을 형성하는 장으로서 일본 오락문화의 중요한 축이었다.

또한 일본은 게임 출시와 연계한 '성지순례'(聖地巡礼) 문화가 발달했다. 특정 게임의 배경이 된 지역을 팬들이 직접 방문해 체험하는 활동은 지역 경제 활성화에 기여하며, 게임과 지역사회가 긴밀히 연결되는 독특한 현상을 만들어냈다. 예를 들어 「러브라이브」, 「스즈미야 하루히」 등 애니·게임 관련 성지순례는 관광 산업과 결합해 새로운 경제적 효과를 창출했다.

지역 한정 콜라보레이션 이벤트 역시 일본 게임 문화의 특징이다. 특정 지역에서만 즐길 수 있는 게임 콘텐츠, 한정판 굿즈, 지역 축제와의 연계는 게임을 지역 경제와 문화 발전의 매개체로 만들었다. 이는 일본 게임이 단순한 산업을 넘어 사회적·문화적 플랫폼으로 기능함을 보여준다.

11-4 글로벌 비즈니스 관점에서의 분석과 전망

일본 게임 산업은 지난 수십 년간 강력한 하드웨어 플랫폼 인프라와 세계적인 인지도를 가진 IP(캐릭터)를 결합하여 내수와 수출의 균형을 맞추어 왔다. 닌텐도의 패미컴, 소니의 플레이스테이션, 닌텐도 스위치와 같은 콘솔 기기는 단순한 오락 기기를 넘어 글로벌 시장에서 문화적 플랫폼으로 자리매김했다. 여기에 포켓몬스터, 슈퍼 마리오, 파이널 판타지와 같은 IP는 게임을 넘어 애니메이션·만화·영화·굿즈로 확장되며 일본 게임 산업의 세계적 영향력을 강화했다.

비록 일본은 PC 온라인 게임과 e스포츠 분야에서는 북미와 한국에 비해 수익 비중이 낮다. 한국의 PC방 문화와 북미의 온라인 게임 인프라에 비해 일본은 상대적으로 온라인 기반이 약했고, e스포츠 시장에서도 후발주자로 평가된다. 그러나 일본은 여전히 콘솔 기반의 프리미엄 게임 시장에서 압도적인 영향력을 행사하고 있다. 글로벌 매출 상위권 게임 중 상당수가 일본 콘솔 플랫폼을 기반으로 하며, 이는 일본이 여전히 세계 게임 산업의 중심축임을 보여준다.

향후 일본 게임 산업은 기존의 강력한 IP 경쟁력을 유지하면서도, 디지털 전환에 발맞춘 새로운 전략을 모색할 것으로 보인다.

클라우드 게임 서비스: 하드웨어 의존도를 낮추고, 인터넷 기반 스트리밍을 통해 글로벌 유저에게 접근성을 높이는 방향으로 확장할 것이다.

일본 게임 산업은 스마트폰 보급 확대와 함께 「몬스터 스트라이크」, 「Fate/Grand Order」와 같은 성공 사례를 기반으로 모바일 시장에서의 입지를 점차 강화하고 있다. 기존의 콘솔 중심 구조를 유지하면서도, 모바일 플랫폼을 통해 새로운 소비층을 확보하고 시장을 다변화하는 흐름이 뚜렷하다.

또한 일본은 게임센터, 성지순례, 지역 이벤트와 같은 사회적 공간을 디지털 플랫폼과 연결하여 새로운 서비스 모델을 창출하려는 움직임을 보이고 있다. 이는 게임을 단순한 오락에서 벗어나 지역 경제와 사회적 커뮤니티를 활성화하는 매개체로 확장하는 전략으로, 게임 산업이 사회적 공간과 결합해 문화적 영향력을 확대하는 사례라 할 수 있다.

아울러 일본은 VR·AR·AI 기반 게임과 메타버스 플랫폼을 융합하여 글로벌 경쟁력을 확대할 가능성이 크다. 이미 「젤다의 전설: 브레스 오브 더 와일드」와 같은 작품을 통해 게임의 예술성과 창의성을 세계적으로 입증한 바 있으며, 앞으로는 기술적 혁신과 IP 자산을 결합해 새로운 시장을 개척할 전망이다.

결국 일본 게임 산업은 콘솔 중심의 전통적 강점과 IP 기반의 문화적 자산을 유지하면서, 디지털 전환과 글로벌 플랫폼 전략을 통해 새로운 성장 동력을 확보할 것이다. 이는 일본이 단순한 게임 강국을 넘어, 글로벌 문화산업의 핵심 플레이어로서 지속적인 영향력을 행사할 수 있음을 보여준다.

✔ 제11장 핵심정리

- 일본은 아케이드 → 콘솔 → 모바일로 이어지는 플랫폼 발전 과정을 통해 세계 게임 산업의 중심축을 형성했다.
- 아케이드 게임은 사회적 공간으로서 일본 게임 문화의 출발점이 되었으며, 콘솔 게임은 가족 단위 소비와 글로벌 시장 확장을 견인했다.
- 모바일 게임은 스마트폰 대중화와 함께 폭발적으로 성장하여, 현재 일본 게임 시장의 최대 비중을 차지하고 있다.
- 일본 게임 산업의 경쟁력은 하드웨어 플랫폼 + 소프트웨어 품질 관리 + 캐릭터 IP의 미디어 믹스 전략이라는 삼각 구조에 기반한다.
- 글로벌 시장에서 일본은 여전히 콘솔과 IP 중심의 강점을 유지하면서, 모바일·클라우드·VR/AR 등 새로운 플랫폼으로 확장하고 있다.

☑ 교실활동 코너

1. 토론 활동

- 모바일 게임이 콘솔 게임을 이용자 수에서 앞지른 상황을 두고, "일본 게임 문화의 중심축이 바뀐 것일까?"라는 주제로 토론해보자.
- 아케이드·콘솔·모바일 각각의 장단점을 정리해서 서로 비교해보자.

2. 조별 발표

- 조별로 아케이드, 콘솔, 모바일 중 하나를 맡아 대표 게임 사례와 사회적 의미를 조사해보자.
- 예를 들어 아케이드 조는 「스페이스 인베이더」와 게임센터 문화, 콘솔 조는 「패미콤」과 가족 문화, 모바일 조는 「Fate/Grand Order」와 생활화된 게임 문화를 발표해보자.

3. 체험형 활동

- 각자 게임 관련 광고·포스터·굿즈를 찾아보고, IP와 미디어 믹스 전략이 어떻게 작동하는지 사례를 공유해보자.
- 조사한 자료를 바탕으로 "게임이 단순한 오락을 넘어 문화 산업으로 확장되는 과정"을 정리해보자.

문화 키워드 해설

- 패미콤 쇼크(Famicom Shock): 1983년 닌텐도 패미컴 출시, 일본 가정 거실 문화 변화, 아타리 쇼크와 대비.
- 아타리 쇼크(Atari Shock): 1983년 북미 게임 시장 붕괴, 일본 게임 산업 도약의 배경.
- 미디어 믹스(Media Mix): 게임 캐릭터·세계관을 애니·만화·영화·굿즈로 확장, 포켓몬스터 대표 사례.
- 거실 문화(Console Culture): 콘솔 게임을 가족 단위로 즐기며 부모 세대가 자녀 게임을 통제·공유.
- 성지순례(聖地巡礼): 게임·애니 배경 지역을 팬들이 방문, 지역 경제·관광 산업과 결합.
- 가챠(Gacha) 시스템: 모바일 게임 과금 모델, 무작위 추첨 방식으로 캐릭터·아이템 획득.
- JRPG (Japanese RPG): 일본식 RPG 장르, 스토리·턴제 전투·고정 캐릭터, 「파이널 판타지」·「드래곤 퀘스트」.
- 리듬 게임(Rhythm Game): 일본 독창적 장르, 음악+신체 움직임 결합, 「DDR」·「태고의 달인」.
- 플랫폼 전략(Platform Strategy): 하드웨어·소프트웨어·IP 결합, 닌텐도·소니 중심의 다층적 구조.

제12장

스포츠와 미디어 비즈니스

제12장 스포츠와 미디어 비즈니스

12-1 일본 근대 스포츠의 도입과 인식의 변화

12-1-1 일본 근대 스포츠의 도입

일본에서 근대 스포츠의 도입은 메이지 유신 이후 근대적 국민국가 건설 과정과 궤를 같이하였다. 서구에서 전래된 스포츠는 단순한 오락이나 신체 단련을 넘어, 국가주의적 이념과 결합하여 국민을 통합하고 군사적 역량을 강화하는 수단으로 자리매김하였다. 당시 일본 사회에서 통용된 인식은 "개인의 신체는 곧 국가의 신체"라는 구호로 요약될 수 있으며, 이는 스포츠를 통해 국민 개개인의 체력을 국가적 자산으로 간주하는 사고방식을 반영한다.

메이지 시대 이후 일본은 학교 교육과 군사 훈련에 스포츠를 적극적으로 도입하였다. 야구, 육상, 수영 등은 미국과 영국에서 전래되어 학생들의 체력 증진과 규율 훈련에 활용되었다. 스포츠는 단순한 놀이가 아니라 국가적 프로젝트의 일부였으며, 국민을 근대적 신체로 재편하는 도구로 기능했다.

전쟁기에는 이러한 스포츠관이 더욱 강화되어, 스포츠가 내셔널리즘을 고취하고 인력을 동원하는 도구로 활용되었다. 국제대회에서의 성과는 국력 과시와 직결되었으며, 선수의 신체는 국가의 위상을 드러내는 상징으로 소비되었다. 대표적인 사례로 1936년 베를린 올림픽에서 손기정 선수가 마라톤에서 금메달을 획득했지만, 일본 국적을 강요받아 일본 제국주의의 선전 도구로 활용된 사건은 스포츠가 정치적 도구로 이용된 전형적인 사례라 할 수 있다.

12-1-2 전후 스포츠의 전환과 생활체육 문화

1945년 패전 이후 일본 사회는 급격한 변화를 맞이하였다. 군국주의적 색채가 옅어지고, 스포츠는 국가 중심의 동원 체계에서 벗어나 일상생활 속의 여가와 건강 활동으로 전환되었다. GHQ 점령기에는 군사적 체육 활동이 억제되고, 대신 학교와 지역사회에서 생활체육이 장려되었다. 이러한 흐름은 스포츠를 국민 개개인의 삶 속으로 확산시키는 계기가 되었다.

1964년 도쿄올림픽은 일본의 경제성장과 국제사회 복귀를 상징하는 사건으로, 스포츠가 국가 이미지 제고와 산업적 가치 창출의 매개체로 자리잡는 계기가 되었다. 이 올림픽은 일본 국민에게 스포츠가 단순한 군사적 동원이 아닌, 국제적 교류와 문화적 자긍심의 원천임을 각인시켰다.

이러한 역사적 배경은 일본 특유의 '1인 1기' 생활체육 문화를 형성하는 토대가 되었다. 일본은 엘리트 선수 육성에 집중하는 한국과 달리, 학교 클럽 활동(부활동)을 통해 생활체육을 제도화하였다. 학생들은 반드시 한 가지 스포츠를 지속적으로 경험하는 것을 권장받았으며, 이를 통해 기초체육의 저변이 폭넓게 확대되었다. 실제로 등록 선수 수를 비교하면 그 차이가 뚜렷하다. 최근 일본육상연맹(JAAF)과 일본수영연맹 자료에 따르면 일본은 육상 등록 선수 약 45만 명, 수영 등록 선수 약 12만 명으로 기초체육 저변이 매우 넓다. 반면 한국은 대한육상연맹·대한수영연맹 자료 기준 각각 약 6천 명, 3,800명 수준에 머물러, 엘리트 중심 체육 구조와 생활체육 중심 구조의 차이를 보여준다.

결국 일본의 근대 스포츠는 국가주의적 동원에서 출발하여, 전후 사회에서는 생활체육으로 전환되며 대중화의 길을 걸었다. 이는 한국의 엘리트 중심 체육 구조와 대비되는 일본만의 특징으로, 오늘날에도 일본 스포츠 문화의 기반을 이루고 있다.

12-2 미디어와 결합한 '국민 스포츠', 야구의 위상

12-2-1 미디어와 야구의 결합: 국민 스포츠의 탄생

일본에서 야구는 단순한 경기 종목을 넘어 국민적 오락으로 자리잡았다. 그 출발점은 1920년대 전국 중등학교 야구대회와 도쿄 6대학 야구였다. 이 시기 야구는 학생과 청년층을 중심으로 폭발적인 인기를 끌었으며, 1927년 라디오 실황 중계의 등장은 야구를 전국적인 오락으로 격상시킨 미디어 혁명적 사건이었다. 라디오를 통해 전국 어디서나 경기를 실시간으로 청취할 수 있게 되면서, 야구는 지역적 스포츠를 넘어 국민적 관심사로 확산되었다.

라디오 중계는 단순한 기술적 혁신을 넘어, 일본 사회에서 스포츠가 국민적 경험으로 공유되는 계기를 마련했다. 이후 텔레비전이 보급되면서 야구는 일본 미디어 산업의 핵심 콘텐츠로 자리잡았고, 경기 중계는 광고·스폰서십과 결합하여 산업적 가치를 창출했다.

특히 매년 8월 열리는 '고시엔(甲子園)' 고교야구대회는 일본 스포츠 문화의 상징으로 자리잡았다. 고시엔은 단순한 스포츠 경기를 넘어 일본인의 향수와 청춘의 서사를 자극하는 거대한 미디어 콘텐츠로 발전했다. 패배와 눈물, 승리와 환희가 교차하는 드라마는 국민적 감동을 불러일으켰으며, 고시엔은 일본 사회에서 '청춘의 통과의례'로 인식되었다. 미디어는 이를 전국적으로 중계하며 야구를 세대와 지역을 아우르는 문화적 상징으로 확산시켰다.

고시엔은 또한 지역사회와 학교 문화를 연결하는 중요한 장치였다. 지방 고교가 전국 무대에서 활약하는 모습은 지역 주민들에게 자긍심을 심어주었고, 이는 일본 사회의 지역 정체성과 공동체 의식을 강화하는 계기로 작용했다. 따라서 야구는 단순히 경기장이 아닌, 지역과 세대를 연결하는 사회적 플랫폼으로 기능했다.

12-2-2 프로야구와 글로벌 미디어 비즈니스

프로야구는 일본 야구의 또 다른 축을 형성하며, 미디어와 결합해 거대한 산업으로 성장했다. 일본 프로야구(NPB)는 센트럴 리그와 퍼시픽 리그라는 양대 리그 체제로 운영되며, 총 12개 구단이 두 리그에 나뉘어 시즌을 치른다. 이러한 구조는 미국 메이저리그와 유사한 방식으로, 리그 간 경쟁과 일본시리즈라는 챔피언 결정전을 통해 국민적 관심을 집중시킨다.

특히 요미우리 자이언츠와 한신 타이거스의 라이벌 구도는 단순한 스포츠 경쟁을 넘어, 미디어가 만들어낸 '동서(東西) 대결'이라는 사회적 서사로 확장되었다. 이 구도는 수많은 팬을 확보하며 프로야구 시장을 키웠고, 연간 천만 명 이상의 관중을 동원하는 국민 스포츠로 자리잡게 했다.

1960~70년대 요미우리 자이언츠의 황금기는 일본 프로야구의 대중화를 상징하는 시기였다. 이 시기 팀을 이끈 ON포(오 사다하루·나가시마 시게오)는 국민적 영웅으로 추앙받았다. 오 사다하루는 통산 홈런 868개라는 세계 기록을 세웠고, 나가시마 시게오는 카리스마 넘치는 플레이로 팬들의 열광을 이끌었다. 두 선수의 활약은 자이언츠의 9년 연속 리그 우승과 일본시리즈 제패라는 전무후무한 기록을 만들어내며, 프로야구가 국민적 스포츠로 자리잡는 데 결정적 역할을 했다.

프로야구는 또한 미디어와 결합하여 문화 산업으로 확장되었다. 만화와 애니메이션은 야구 붐을 지속시키는 데 중요한 역할을 했다. 「거인의 별」은 국민적 영웅 서사를, 「터치」는 청춘과 연애를 결합한 서사를 통해 야구를 일상적 감수성과 연결시켰다. 이러한 미디어 믹스 전략은 야구를 단순한 경기에서 문화 산업으로 확장시키는 데 기여했다.

1990년대 이후 일본 야구는 글로벌 무대에서도 영향력을 확대했다. 노모 히데오의 메이저리그 진출은 일본 야구의 국제화를 상징하는 사건이었으며, 스즈키 이치로는 MLB에서 최다안타 기록을 세우며 세계적 스타로 자리잡았다. 최근에는 오타니 쇼헤이가 '이도류(二刀流)'로 불리며 투수와 타자를 겸업해 MLB MVP를 수차례 수상하며 일본 야구의 브랜드 가치를 세계적으로 끌어올리고 있다.

이처럼 일본 야구는 국내 미디어 산업의 핵심 콘텐츠를 넘어, 글로벌 스포츠 비즈니스의 브랜드 자산으로 진화하였다. 중계권, 광고,

굿즈, 스타 마케팅이 결합된 일본 프로야구는 단순한 스포츠를 넘어 문화·산업·국가 이미지를 동시에 형성하는 복합적 플랫폼으로 자리 잡았다.

12-3 전통과 현대의 공존: 스모와 J리그의 비즈니스 전략

12-3-1 전통 스포츠 스모의 위계와 비즈니스 모델

스모(相撲)는 일본의 전통 스포츠로, 에도 시대에 현재와 같은 형태를 갖추었다. 본래는 신도(神道) 제사의 일환으로 진행되던 의례적 격투가 근대 이후 프로 스포츠인 오즈모(大相撲)로 발전하였다. 스모는 단순한 경기 종목을 넘어 일본 사회의 전통과 종교적 상징을 담아내며, 오늘날에도 국민적 관심을 끄는 스포츠로 자리잡고 있다.

스모 경기의 기본 규칙은 단순하다. 두 선수가 원형 경기장인 도효(土俵) 위에서 맞붙어 상대의 신체 일부가 땅에 닿거나 도효 밖으로 밀려나면 승패가 결정된다. 선수는 리키시(力士)라 불리며, 평균 체중이 150kg에 달하는 거구들이 힘과 기술을 겨룬다. 리키시는 경기 중 마와시(廻し)라 불리는 샅바를 착용하고, 머리에는 전통적인 상투인 마게(まげ)를 틀어 올린다. 경기 진행은 교지(行司)라 불리는 심판이 맡으며, 도효 밖에는 판정의 정확성을 확인하는 승부심판이 따로 존재한다.

스모의 가장 큰 특징은 선수들의 위계 질서이다. 리키시의 서열은 반즈케(番付)라 불리는 등급표에 의해 정해지며, 최상위 계급은 요코즈나(横綱)이다. 요코즈나는 일단 승격하면 강등되지 않지만 성적이 부진하면 은퇴해야 한다. 그 아래에는 오제키(大関), 세키와케(関脇), 고무스비(小結), 그리고 다수의 마에가시라(前頭)가 있다. 이들 상위 그룹을 마쿠노우치(幕内)라 부르며, 그 아래에는 주료(十両), 마쿠시타(幕下), 산단메(三段目), 조니단(序二段), 조노쿠치(序の口) 등 하위 리그가 존재한다. 이러한 위계는 단순한 경기 성적뿐 아니라 선수의 생활, 식사, 훈련 방식까지 규율한다.

스모는 이러한 전통적 위계와 의례적 요소를 유지하면서도, 현대에는 방송 중계권과 팬덤을 기반으로 한 비즈니스 모델을 구축하였다. NHK와 민영 방송은 오즈모를 정기적으로 중계하며, 스모 대회는 매년 홀수 달에 열리는 바쇼(場所)라는 정기 리그로 운영된다. 스모는 전통과 현대가 결합된 독특한 스포츠 산업으로, 일본 사회의 문화적 정체성을 상징하는 동시에 안정적인 수익 구조를 유지하고 있다.

12-3-2 현대 스포츠 J리그의 지역 밀착 전략

반면, 1993년 출범한 J리그(프로축구)는 일본 스포츠 산업의 현대적 전환을 상징한다. J리그는 야구의 아성에 도전하며, 철저한 지역 밀착형 시스템을 통해 새로운 비즈니스 모델을 제시하였다. 가장 큰 특징은 팀 명칭에서 기업명을 배제하고, 지방자치단체와 지역 주민이 함께 클럽을 운영하는 방식이다. 이는 스포츠가 단순한 오락을 넘어 지역 경제와 커뮤니티의 중심이 되도록 설계된 전략이었다.

J리그는 현재 J1, J2, J3 세 개의 리그로 나뉘어 승강제를 운영한다. 각 구단은 유소년 아카데미부터 U-18팀에 이르는 단계별 유소년 팀

을 육성하며, 지속 가능한 선수 공급망을 구축하였다. 이러한 시스템은 단기적 성과보다 장기적 발전을 중시하는 구조로, 일본 축구 산업의 안정성을 높였다.

또한 J리그는 지역 기업과 주민의 참여를 적극적으로 유도하여, 경기장 운영·스폰서십·지역 이벤트와 결합된 종합적 비즈니스 모델을 형성하였다. 예를 들어, 특정 지역의 클럽은 지역 축제와 연계된 이벤트를 개최하거나, 지역 기업과 협력해 공동 마케팅을 진행한다. 이는 단순한 스포츠 소비를 넘어 지역 경제 활성화와 공동체 의식 강화로 이어졌다.

J리그의 이러한 전략은 일본 축구가 야구와 차별화된 방식으로 국민 스포츠의 지위를 확보하는 데 기여하였다. 특히 2002년 한일 월드컵 이후 일본 축구는 국제적 경쟁력을 강화하며, J리그는 일본 스포츠 산업의 또 다른 축으로 자리잡았다.

12-4 스포츠 내셔널리즘과 한국과의 비교 고찰

12-4-1 국제 이벤트와 국가 브랜드 이미지

일본의 스포츠는 대규모 국제 이벤트를 통해 국가 브랜드 이미지를 제고해 왔다. 1964년 도쿄 올림픽은 전후 부흥의 상징으로, 일본이 패전국에서 경제성장국으로 도약했음을 세계에 알린 계기였다. 이 대회는 일본의 인프라 정비와 방송 기술 발전을 촉진하며, 스포츠가 국가 이미지와 산업 발전을 동시에 견인할 수 있음을 보여주었다.

이후 1972년 삿포로 동계올림픽은 일본이 아시아 최초로 동계올림픽을 개최한 사건으로, 설상 종목과 겨울 스포츠 인프라를 확충하는 계기가 되었다. 1998년 나가노 동계올림픽은 환경 친화적 올림픽을 표방하며, 일본의 첨단 기술과 지역 분권적 운영을 강조했다. 최근의 2020 도쿄 올림픽은 코로나19 팬데믹 속에서 개최되어 논란이 있었지만, 디지털 중계와 첨단 기술을 활용한 운영으로 일본 스포츠 산업의 현대적 역량을 보여주었다.

한국 역시 1988년 서울 올림픽과 2002년 한일 월드컵을 통해 국가 브랜드 이미지를 크게 제고하였다. 서울 올림픽은 한국이 개발도상국에서 신흥 경제국으로 도약했음을 세계에 알린 계기였으며, 한일 월드컵은 공동 개최를 통해 동아시아 스포츠 협력의 새로운 장을 열었다.

12-4-2 스포츠 내셔널리즘과 인식의 차이

한국과 일본의 스포츠 문화를 비교해 보면 몇 가지 뚜렷한 인식의 차이가 존재한다. 한국은 국가 대항전, 특히 한일전에서 강력한 스포츠 내셔널리즘이 발현되는 경향이 강하다. 국가대표팀의 승리는 곧 국민적 자존심과 직결되며, 스포츠는 민족적 정체성을 확인하는 장치로 기능한다.

반면 일본은 개인의 수련과 일상적인 클럽 활동 중심의 생활 체육 성격이 보다 강하게 나타난다. 학교 클럽 활동(부활동)과 지역 스포츠 클럽은 일본 스포츠 문화의 핵심으로, 스포츠가 국가적 동원보다는 개인의 성장과 공동체 참여를 강조하는 경향을 보인다. 이러한 차이는 양국의 역사적 경험과 사회 구조에서 비롯된 것으로, 한국은 민족주의적 동원 경험이 강한 반면 일본은 생활체육을 통한 사회적 안정과 공동체 의식에 더 큰 비중을 두었다.

12-4-3 전통 스포츠와 소비 패턴의 비교

전통 스포츠의 보존에서도 차이가 뚜렷하다. 한국의 씨름은 과거 국민적 인기를 누렸으나, 최근에는 대중적 관심이 감소하며 전통문화로서의 위상이 약화되었다. 반면 일본의 스모는 여전히 높은 관중 동원력과 전통 문화로서의 지위를 공고히 유지하고 있다. 스모는 요코즈나와 오제키 등 선수 계급 체계와 도효, 마와시 등 독특한 문화 요소를 통해 전통적 매력을 유지하며, 현대적 방송 중계와 결합해 안정적인 산업 모델을 형성하고 있다.

스포츠 소비 패턴에서도 일본은 성별에 따른 선호 종목이 뚜렷하게 나뉜다. 사사카와 스포츠재단(SSF)의 『일본 스포츠 백서 2023』과 전국 스포츠 라이프 조사에 따르면, 일본 남성은 프로야구와 축구를 압도적으로 선호하며, 여성은 피겨 스케이트와 테니스에 높은 관심을 보인다. 예를 들어, SSF의 2023년 조사에서는 남성의 1위 선호 종목이 프로야구(약 50%)와 축구(약 37%), 여성의 1위는 피겨 스케이트(약 35%)와 테니스(약 30%)로 나타났다. 이러한 수치는 일본 사회에서 스포츠가 단순한 경기 관람을 넘어 성별·세대별 문화적 취향을 반영하는 사회적 현상임을 보여준다.

한국은 프로야구와 축구가 남녀 모두에게 폭넓은 인기를 끌지만, 특정 종목에 대한 성별 차이는 일본만큼 뚜렷하지 않다. 이는 한국 스포츠가 국가적 이벤트와 국제대회 성과 중심으로 소비되는 반면,

일본은 생활체육과 성별 취향에 따라 소비 패턴이 세분화되는 구조적 차이를 반영한다.

12-4-4 선순환 구조와 산업적 가치

결론적으로 일본의 스포츠 산업은 탄탄한 기초 체육 인프라와 강력한 미디어 결합력을 바탕으로, 전통적인 종목과 현대적인 프로 리그가 공존하며 안정적인 수익 모델을 창출하는 '선순환 구조'를 구축하고 있다. 스모와 같은 전통 스포츠는 문화적 정체성을 유지하면서도 방송 중계와 팬덤을 통해 산업적 가치를 확보하고 있으며, 프로야구와 J리그는 미디어·광고·스폰서십과 결합하여 현대적 비즈니스 모델을 발전시켰다. 이러한 구조는 일본 스포츠가 단순한 경기 소비를 넘어 문화·산업·지역 공동체를 동시에 강화하는 복합적 플랫폼으로 기능하게 만들었다.

반면 한국은 국가적 이벤트와 국제대회 성과를 중심으로 스포츠 내셔널리즘을 강화하는 경향이 강하다. 올림픽, 월드컵, 아시안게임과 같은 국제대회에서의 성과는 국민적 자긍심과 직결되며, 스포츠는 국가 브랜드 이미지를 제고하는 수단으로 활용된다. 그러나 생활체육 기반은 상대적으로 약해, 스포츠 참여가 엘리트 선수 중심으로 집중되는 구조적 한계를 보여준다.

따라서 양국의 스포츠 문화는 국가 브랜드 이미지 제고 vs 생활체육 기반 강화라는 서로 다른 축을 중심으로 발전해 왔다. 일본은 생활체육의 폭넓은 저변을 통해 안정적 산업 구조를 형성한 반면, 한국은 국제대회 성과를 통해 국가적 위상을 높이는 전략을 택했다.

앞으로의 전망에서 일본은 글로벌 OTT 플랫폼과 디지털 미디어를 활용해 스포츠 산업의 국제적 확장을 모색할 가능성이 크다. 한국은 생활체육 인프라를 강화하고, 스포츠를 단순한 국가적 이벤트가 아닌 일상적 문화 자산으로 자리매김할 필요가 있다. 결국 두 나라의 스포츠 산업은 서로 다른 발전 경로를 걸어왔지만, 공통적으로 스포츠를 통해 사회적 연대와 문화적 정체성을 강화한다는 점에서 중요한 학문적·산업적 함의를 지닌다.

✔ 제12장 핵심정리

- 일본 스포츠는 메이지 시대 국가주의적 체육에서 출발하여, 전후에는 생활체육으로 전환되며 '1인 1기' 문화와 학교 클럽 활동을 통해 기초체육의 저변을 넓혔다.
- 야구는 라디오·TV 중계와 고시엔을 통해 국민 스포츠로 자리잡았으며, 프로야구는 센트럴·퍼시픽 양대 리그 체제와 요미우리 자이언츠의 ON포(오 사다하루·나가시마 시게오) 시대를 거쳐 글로벌 스타 산업으로 발전했다.
- 스모는 요코즈나·오제키 등 엄격한 위계 질서와 도효·마와시 등 전통적 요소를 유지하면서도 방송 중계와 팬덤을 통해 현대적 비즈니스 모델을 구축했다.
- J리그는 1993년 출범 이후 지역 밀착형 운영과 유소년 아카데미 시스템을 통해 축구 산업을 안정적으로 성장시켰다.
- 일본은 국제 이벤트(1964 도쿄, 1972 삿포로, 1998 나가노, 2020 도쿄 올림픽)를 통해 국가 브랜드 이미지를 제고했고, 스포츠 산업은 전통과 현대가 공존하는 선순환 구조를 형성했다.
- 한국은 국제대회 성과와 국가적 이벤트 중심으로 스포츠 내셔널리즘을 강화하는 경향이 강하지만, 생활체육 기반은 상대적으로 약하다.

☑ 교실활동 코너

1. 토론 활동: 스포츠가 국가 정체성을 어떻게 형성하는지를 일본의 생활체육 중심 구조와 한국의 엘리트 중심 구조를 비교하며 살펴보자.
2. 조별 발표: 팀별로 한일 스포츠 종목(야구, 축구, 씨름/스모 등)을 맡아 미디어와 산업적 가치를 조사·발표해보자.
3. 체험형 활동: 스포츠 만화·드라마·광고를 찾아보고, 어떻게 스포츠가 대중문화와 결합했는지 사례를 공유해보자. (예: 일본 「거인의 별」, 「캡틴 츠바사」 / 한국 스포츠 웹툰·드라마.)
4. 비교 분석 과제: 일본 고시엔과 한국 고교야구, 일본 J리그와 한국 K리그의 운영 방식을 비교하여 발표해보자.

문화 키워드 해설

- 스포츠 내셔널리즘: 스포츠를 통해 국가 정체성과 자긍심을 강화하는 현상. 한국은 한일전 등에서 강하게 발현.
- 고시엔(甲子園): 일본 고교야구 전국대회. 청춘의 통과의례로 인식되며 국민적 감동을 불러일으킴.
- ON포(오 사다하루·나가시마 시게오): 1960~70년대 요미우리 자이언츠의 황금기를 이끈 듀오. 일본 프로야구의 상징적 스타.
- 도효(土俵): 스모 경기장. 흙을 쌓아 만든 원형 무대.
- 리키시(力士): 스모 선수. 평균 체중 150kg에 달하는 거구들이 힘과 기술을 겨룸.
- 마와시(廻し): 스모 선수들이 착용하는 샅바. 경기의 핵심 장비.
- 요코즈나(横綱): 스모 선수 서열 중 최고 지위. 강등은 없지만 성적 부진 시 은퇴해야 함.
- J리그(J.League): 1993년 출범한 일본 프로축구 리그. J1·J2·J3 승강제 운영, 지역 밀착형 시스템이 특징.
- 생활체육(1인 1기): 일본 학생들이 반드시 한 가지 스포츠를 경험하는 제도적 문화. 기초체육 저변 확대의 핵심.

나오는 글

J-컬쳐의 미래와 한일 문화 교류: 글로벌 물류·비즈니스 관점

나오는 글

J-컬쳐의 미래와 한일 문화 교류: 글로벌 물류·비즈니스 관점

J-컬쳐의 글로벌 확산과 산업적 가치

일본 대중문화, 즉 J-컬쳐(J-Culture)는 애니메이션, 만화, 게임, 음악, 패션, 스포츠 등 다양한 영역에서 세계적으로 확산되며 독자적인 문화 브랜드를 형성해 왔다. 1980~90년대 이후 일본 애니메이션과 만화는 아시아와 유럽, 북미 시장에서 폭발적인 인기를 끌었고, 이는 일본 문화산업이 글로벌 시장으로 진출하는 결정적 계기가 되었다. 「드래곤볼」, 「세일러문」, 「포켓몬스터」와 같은 작품들은 단순한 오락을 넘어 세계 청소년들의 정체성과 라이프스타일을 형성하는 데 깊은 영향을 미쳤다.

이러한 확산은 단순히 콘텐츠의 수출에 그치지 않고, 글로벌 팬덤 경제를 형성하였다. 일본 애니메이션과 게임은 해외 팬덤을 중심으로 굿즈 소비, 코스프레 문화, 팬 이벤트 등 다양한 2차 소비를 촉발했다. 이는 일본 문화산업이 단순히 '작품 판매'에 머무르지 않고, 지속 가능한 수익 구조를 창출하는 데 기여했다. 예를 들어, 애니메이션의 해외 방영권과 스트리밍 서비스, 게임의 글로벌 출시와 e스포츠화는 일본 기업들이 국제 시장에서 안정적인 수익을 확보하는 기반이 되었다.

또한 J-컬쳐는 디지털 플랫폼과 글로벌 OTT 서비스를 통해 확산 속도를 가속화하였다. 넷플릭스, 크런치롤(Crunchyroll), 디즈니+ 등 글로벌 플랫폼은 일본 애니메이션을 주요 콘텐츠로 편성하며, 일본 문화가 세계 청년층의 일상적 소비 패턴 속에 자리잡도록 했다. 이는 일본 문화산업이 더 이상 특정 지역에 국한되지 않고, 글로벌 보편성을 획득했음을 보여준다.

산업적 가치 측면에서 J-컬쳐는 일본 경제에 막대한 기여를 하고 있다. 일본 정부와 민간 연구기관의 보고서에 따르면, 애니메이션·만화·게임 산업은 매년 수십조 엔 규모의 시장을 형성하며, 관광·유통·패션·음악 등 연관 산업에도 파급 효과를 미치고 있다. 예를 들어, 「포켓몬스터」는 게임·애니메이션·영화·굿즈·테마파크까지 확장된 종합 브랜드로서 세계적 성공을 거두었고, 이는 일본 문화산업의 융합적 비즈니스 모델을 대표한다.

학문적 관점에서 J-컬쳐의 글로벌 확산은 단순한 문화 소비를 넘어, 국가 브랜드 이미지와 소프트 파워를 강화하는 역할을 한다. 일본은 애니메이션과 게임을 통해 세계 청년층과 감성적 유대를 형성하며, 정치·경제적 영향력과는 별개로 문화적 매력을 발휘한다. 이는 J-컬쳐가 단순한 산업적 자산을 넘어, 일본의 국제적 위상을 높이는 문화 외교 자원으로 기능하고 있음을 의미한다.

결국 J-컬쳐의 글로벌 확산은 일본이 전통과 현대를 결합하여 세계 시장에서 독자적 문화 브랜드를 구축한 사례라 할 수 있다. 이는 단순한 산업적 성공을 넘어, 일본이 문화적 정체성을 세계와 공유하며 국제 사회에서 영향력을 확대하는 중요한 기반이 되고 있다.

한일 문화 교류의 역사와 현재

한일 간 문화 교류는 정치·외교적 긴장 속에서도 꾸준히 이어져 왔으며, 특히 대중문화 영역에서 뚜렷한 흐름을 보여준다. 일본은 20세기 후반까지 아시아 문화의 중심지로서 애니메이션, 만화, 게임, 음악을 통해 영향력을 행사해 왔고, 한국은 1990년대 후반 이후 한류(K-Culture)의 급부상으로 일본과 새로운 경쟁·교류 관계를 형성하게 되었다.

1998년 한국 정부가 일본 대중문화 개방 정책을 시행하면서, 일본 영화·만화·음악이 한국에 본격적으로 유입되었다. 동시에 한국의 드라마와 음악은 일본 시장에서 빠르게 인기를 얻으며 '역수출' 현상을 만들어냈다. 예를 들어, 드라마 「겨울연가」(2002)는 일본 중장년층 여성들에게 폭발적인 인기를 끌며 한류의 상징적 출발점이 되었다. 이는 양국 간 문화 교류가 단순한 수입·수출을 넘어, 상호 소비와 정체성 형성의 과정으로 발전했음을 보여준다.

2000년대 이후 일본의 애니메이션·게임은 한국 청소년 문화에 깊숙이 자리잡았고, 한국의 K-팝과 드라마는 일본 젊은 세대의 일상적 소비 패턴으로 정착했다. 일본의 J-컬쳐는 콘텐츠의 장르 다양성과 전통·현대의 결합을 강점으로 삼았고, 한국의 K-컬쳐는 스타 시스템과 디지털 플랫폼 활용을 통해 빠른 확산력을 보여주었다. 이 과정에서 양국은 서로의 문화적 강점을 소비하며, 아시아 대중문화의 쌍두마차로 자리매김했다.

한일 문화 교류는 경쟁과 협력이 동시에 존재한다. 일본은 애니메이션·게임 분야에서 여전히 세계적 영향력을 유지하고 있으며, 한국은 음악·드라마·패션 분야에서 글로벌 시장을 선도하고 있다. 그러나 양국은 공동 제작·공동 이벤트·팬덤 교류 등 다양한 협력 사례를 통해 상호 보완적 관계를 형성해 왔다. 예를 들어, 한일 합작 영화나 공동 콘서트는 양국 팬덤을 연결하는 장치로 기능하며, 문화산업의 국제적 확장을 촉진했다.

오늘날 한일 문화 교류는 디지털 플랫폼과 글로벌 팬덤을 매개로 더욱 활발해지고 있다. 넷플릭스, 유튜브, 틱톡 등 글로벌 플랫폼은 양국 콘텐츠를 동시에 소비할 수 있는 환경을 제공하며, 팬덤은 국경을 넘어 상호 교류한다. 일본은 전통과 현대를 결합한 독창적 콘텐츠로, 한국은 디지털 기반의 확산력으로 세계 시장을 선도하며, 양국은 서로 다른 강점을 통해 아시아 문화의 글로벌 위상을 강화하고 있다.

글로벌 물류와 콘텐츠 유통 전략

J-컬처의 세계적 확산은 단순히 콘텐츠의 창작과 소비만으로 이루어진 것이 아니다. 그 배후에는 글로벌 물류와 유통 인프라가 존재하며, 이는 일본 대중문화가 안정적으로 해외 시장에 진출할 수 있도록 뒷받침하는 핵심 요소였다.

일본 애니메이션·만화·게임·음악은 1980년대 이후 VHS·CD·DVD와 같은 물리적 매체를 통해 해외로 수출되었다. 당시 일본 기업들은 출판사·음반사·게임사와 협력하여 해외 배급망을 구축했고, 이는 J-컬처가 아시아와 북미·유럽 시장에 빠르게 확산되는 기반이 되었다.

이후 인터넷과 디지털 플랫폼의 보급은 물류 비용을 획기적으로 줄이며, 일본 콘텐츠가 실시간으로 세계에 전달되는 시대를 열었다.

J-컬쳐의 글로벌 유통은 단순히 작품을 해외에 판매하는 수준을 넘어, 종합적 공급망을 형성했다. 애니메이션은 방송·DVD·스트리밍으로, 게임은 패키지·다운로드·e스포츠로, 음악은 음반·공연·굿즈로 확장되며 다층적 소비 구조를 만들어냈다. 예를 들어, 「포켓몬스터」는 게임·애니메이션·영화·완구·테마파크까지 연결된 글로벌 공급망을 통해 막대한 산업적 가치를 창출했다. 이러한 구조는 일본 문화산업이 단순한 콘텐츠 수출을 넘어, 글로벌 브랜드 비즈니스로 진화했음을 보여준다.

한국의 K-컬쳐는 디지털 플랫폼과 SNS를 적극적으로 활용하여 빠른 확산력을 확보했다. 유튜브·넷플릭스·틱톡을 통한 실시간 유통은 한국 대중문화가 국경을 넘어 즉각적으로 소비될 수 있게 했다. 반면 일본은 전통적으로 출판·방송·굿즈 중심의 공급망을 유지하며, 팬덤 기반의 오프라인 소비(코스프레·동인지·이벤트)를 강점으로 삼았다. 따라서 일본은 물류·굿즈 중심의 안정적 유통, 한국은 디지털 플랫폼 중심의 확산적 유통이라는 차별적 전략을 보여준다.

글로벌 물류와 콘텐츠 유통 전략은 단순한 산업적 문제를 넘어, 문화의 국제적 흐름을 결정하는 구조적 요인이다. 일본은 물류·굿즈·이벤트 중심의 공급망을 통해 팬덤의 충성도를 높이고, 한국은 디지털 플랫폼을 통해 확산 속도를 극대화한다. 두 나라의 전략은 서로 다른 방식으로 글로벌 시장에서 성공을 거두었으며, 향후에는 공동 제작·공동 유통·글로벌 마케팅을 통해 상호 보완적 관계를 형성할 가능성이 크다.

비즈니스 모델과 미래 전망

J-컬쳐의 글로벌 확산은 단순한 콘텐츠 소비를 넘어, 팬덤 기반의 비즈니스 모델을 형성하며 산업적 가치를 극대화하였다. 일본의 애니메이션·게임·음악은 해외 팬덤을 중심으로 굿즈 소비, 이벤트, 관광 산업과 결합하여 다층적인 수익 구조를 만들어냈다. 예를 들어, 애니메이션 캐릭터 상품과 코스프레 이벤트는 단순한 부가 소비를 넘어, 지역 축제와 관광 자원으로 확장되며 일본 경제에 기여하였다. 이러한 팬덤 경제는 J-컬쳐가 단순한 오락을 넘어 문화적 브랜드 자산으로 기능하게 만든 주요 동력이었다.

또한 J-컬쳐는 디지털 전환과 글로벌 OTT 플랫폼을 통해 새로운 비즈니스 모델을 구축하였다. 넷플릭스, 크런치롤, 디즈니+ 등 글로벌 플랫폼은 일본 애니메이션을 주요 콘텐츠로 편성하며, 일본 문화가 세계 청년층의 일상적 소비 패턴 속에 자리잡도록 했다. 디지털 플랫폼은 물류 비용을 줄이고, 실시간 글로벌 확산을 가능하게 하며, 일본 기업들이 국제 시장에서 안정적인 수익을 확보하는 기반이 되었다.

한일 비교에서 일본은 팬덤 기반의 오프라인 소비와 굿즈 산업을 강점으로 삼고 있으며, 한국은 디지털 플랫폼과 SNS를 통한 확산력을 무기로 삼고 있다. 일본은 전통적 공급망을 통해 충성도 높은 팬덤을 유지하고, 한국은 빠른 확산과 글로벌 네트워크를 통해 시장을 선도한다. 그러나 양국은 공동 제작·공동 유통·글로벌 마케팅 등에서 협력 가능성을 가지고 있으며, 이는 아시아 문화산업이 세계 시장에서 경쟁력을 강화하는 데 중요한 전략이 될 것이다.

미래 전망에서 J-컬쳐는 지속 가능한 비즈니스 모델을 구축해야 한다. 팬덤 경제와 디지털 플랫폼의 결합은 안정적 수익을 보장하지만, 문화 다양성과 창작자의 권리를 존중하는 구조가 필요하다. 또한 글로벌 OTT 플랫폼의 확산은 일본 콘텐츠가 세계 시장에서 더 큰 영향력을 발휘할 수 있는 기회를 제공하지만, 동시에 한국·중국 등 경쟁 문화산업과의 차별화 전략을 요구한다.

결국 J-컬쳐의 미래는 팬덤 기반의 충성도와 디지털 플랫폼의 확산력을 결합하여, 전통과 현대가 공존하는 독창적 비즈니스 모델을 발전시키는 데 있다. 이는 일본 문화산업이 단순한 국내 소비를 넘어, 세계 시장에서 지속 가능한 성장과 문화적 영향력을 확보하는 중요한 기반이 될 것이다.

임태균(任苔均)

중앙대학교 일어일문학과 및 동대학원 졸업
니혼대학 국제관계학 석사
오사카대학 문학박사
현재 성결대학교 글로벌물류학과 교수로 재직 중
한국일본학회 부회장, 간행물윤리위원회 위원 등 역임

저서
『포인트 일본문학사』
『일본 근 · 현대소설의 이해와 감상』(이상 제이앤씨)
『레벨업 일본어 시사편』(신아사) 외 다수

번역서
『고야산 스님 · 초롱불 노래』(문학동네) 외 다수

일본대중문화론

탄생과 변천, 12가지 테마로 읽는 현대 일본

초판 1쇄 발행 _ 2025년 12월 29일

저　자 • 임 태 균
발행인 • 정 현 걸
발　행 • 신 아 사
인　쇄 • 삼일문화
주　소 • 서울특별시 은평구 통일로 59길 4 (2F)
전　화 • (02) 382-6411　팩스 · (02) 382-6401
홈페이지 • www.shinasa.co.kr
E-mail • shinasa@daum.net
출판등록 • 1956년 1월 5일 (제 9-52호)

ISBN 979-11-7342-126-6 (93300)
저자와의 협의로 인지를 생략합니다

정가 15,000원